Reise ohne Wiederkehr?

[GESCHICHTE ERZÄHLT]

Herausgegeben von
Kai Brodersen, Uwe A. Oster, Thomas Scharff und Ute Schneider

Bd. 1, Die Welt Homers

Bd. 2, Hexenjagd in Deutschland

Bd. 3, Der königliche Kaufmann oder wie man ein Königreich saniert

Bd. 4, Zechen und Bechern. Eine Kulturgeschichte des Trinkens und Betrinkens

Bd. 5, Hinter Klostermauern. Alltag im mittelalterlichen Kloster

Bd. 6, Krieg in der Antike

Bd. 7, CARE-Paket & Co. Von der Liebesgabe zum Westpaket

Bd. 8, Unter dem Vesuv. Alltag in Pompeji

Bd. 9, Baden, spielen, lachen. Wie die Römer ihre Freizeit verbrachten

Bd. 10, Seide, Pfeffer und Kanonen. Globalisierung im Mittelalter

Bd. 11, Veni, vidi, vici. Caesar und die Kunst der Selbstdarstellung

Bd. 12, Napoleons Soldaten. Alltag in der Grande Armée

Bd. 13, Pelze, Gold und Weihwasser. Handel und Mission in Afrika und Amerika

Bd. 14, Als die Römer frech geworden.
Varus, Hermann und die Katastrophe im Teutoburger Wald

Bd. 15, Stadtluft macht frei. Leben in der mittelalterlichen Stadt

Bd. 16, Karl der Große. Der Weg zur Kaiserkrönung

Bd. 17, Geld und Freunde. Wie die Medici die Macht in Florenz eroberten

Bd. 18, Reise ohne Wiederkehr? Leben im Exil 1933 bis 1945

Corinna R. Unger

Reise ohne Wiederkehr?

Leben im Exil 1933 bis 1945

[GESCHICHTE ERZÄHLT]

Die Deutsche Nationalbibliothek verzeichnet diese Publikation in der Deutschen Nationalbibliografie; detaillierte bibliografische Daten sind im Internet über http://dnb.d-nb.de abrufbar.

Gedruckt auf säurefreiem und alterungsbeständigem Papier
Einbandgestaltung: Jutta Schneider, Frankfurt
Einbandabbildung: Thomas Mann und Albert Einstein in Princeton, N.J. (1938)
Foto: akg-images
Layout: Petra Bachmann, Weinheim
Gestaltung und Satz: Anja Harms, Oberursel
Printed in Germany

www.primusverlag.de

ISBN: 978-3-89678-382-0

Inhalt

EIN-
FÜHRUNG

Nach der Machtübernahme der Nationalsozialisten flohen Hunderttausende Menschen ins Exil – teils unter abenteuerlichen Bedingungen. Wer waren diese Menschen, was trieb sie in die Flucht, wohin gingen sie und wie verlief ihre Reise?

Exil und Emigration im 20. Jahrhundert

Das Phänomen Exil ist ein jahrtausendealtes Phänomen. Schon in der Antike mussten Menschen, die mit den Herrschenden in Konflikt geraten waren, aus ihren Heimatländern fliehen oder wurden gezwungen, sie zu verlassen. Im Altertum wurde das Exil als Sanktion gegen politische Gegner verwendet, von denen sich die Herrschenden bedroht fühlten. Charakteristisch für das Exil ist zum einen die abrupte, unfreiwillige Trennung von der Heimat und das damit verbundene Gefühl der Entwurzelung, zum anderen die Hoffnung, eines Tages in die frühere Heimat zurückkehren zu können.

Im 20. Jahrhundert wurde das Exil zu einer Erfahrung, die Hunderttausende Menschen teilten, als in Europa Diktaturen entstanden, die ihre Gegner systematisch unterdrückten und bedrohten. In Deutschland wurden all jene von den Nationalsozialisten verfolgt, die deren „rassischen" Anforderungen nicht genügten, die nationalsozialistische Politik infrage stellten oder als „politisch unzuverlässig" galten. In den frühen Dreißigerjahren setzte deshalb eine große Fluchtbewegung aus Deutschland und später aus den deutsch besetzten Gebieten ein. Mehr als eine halbe Million Menschen verließen ihre Heimat. Einige von ihnen – vor allem Künstler, Schriftsteller und Wissenschaftler – gingen mehr oder minder freiwillig ins Exil, weil sie sich nicht mit dem NS-Regime arrangieren wollten und befürchteten, unter den neuen Bedingungen nicht genug Freiheit zu haben, um ihre Lebens- und Berufsvorstellungen realisieren zu können. Die meisten Menschen aber mussten aufgrund der rassistischen und politischen

Verfolgung buchstäblich um ihr Leben fliehen. Zwischen 1933 und 1941 verließen etwa 278 500 Personen Deutschland und Österreich aufgrund ihrer jüdischen Herkunft bzw. weil sie unter den nationalsozialistischen Gesetzen als „jüdisch" galten. Hinzu kamen ungefähr 40 000 Menschen, die aufgrund ihrer politischen Ansichten, religiösen Überzeugungen, sexuellen Orientierung oder künstlerischen Tätigkeit als „Feinde" der „Volksgemeinschaft" galten und daher ins Exil gehen mussten.[1]

In den Dreißiger- und Vierzigerjahren gab es kaum ein Land, das nicht zum Zufluchtsort für die deutschsprachigen Flüchtlinge geworden wäre. Die meisten von ihnen, etwa 100 000, gingen nach Frankreich, 140 000 in die USA; in Kanada fanden etwa 3000 Menschen Zuflucht. Nach Großbritannien flohen bis Kriegsbeginn ungefähr 75 000 Personen, darunter 10 000 Kinder, die im Zuge der sogenannten „Kindertransporte" evakuiert und von britischen Familien aufgenommen wurden. Ein weiteres wichtiges Exilland war Palästina, das zwischen 1933 und 1941 mehr als 60 000 deutsche Juden aufnahm. In die Tschechoslowakei flohen mindestens 10 000 Menschen. Bis zum deutschen Überfall auf die Benelux-Länder gingen ungefähr 35 000, vor allem jüdische Exilanten in die Niederlande, nach Belgien und Luxemburg. Über Italien entkamen etwa 68 000 Personen der rassistischen Verfolgung. Ähnlich verhielt es sich mit den Staaten des ehemaligen Jugoslawien, die als Durchreiseländer für etwa 55 000 Flüchtlinge dienten; in Ungarn kamen zwischenzeitlich mehr als 6000 deutsche Juden unter. Dänemark und Schweden nahmen insgesamt mehr als 8000 deutsche Juden auf, die Schweiz etwa 25 000.

In die Türkei flohen 600 Menschen, die meisten von ihnen Wissenschaftler und Spezialisten, an deren Kenntnissen die türkische Regierung interessiert war. Zypern, das noch unter britischer Herrschaft stand, nahm mehr als 700 Menschen auf. Die Sowjetunion bot Zuflucht für etwa 3000 Personen, zumeist erklärte Kommunisten, die allerdings unter politisch prekären Bedingungen im Exil lebten – etliche von ihnen fielen den stalinistischen „Säuberungen" zum Opfer. Etwa 5500 Menschen flohen nach Südafrika, 650 nach Kenia. Mehr

Jüdische Emigranten vor der Einschiffung im Hafen von Lissabon, 1941

als 10 000 Personen gingen nach Bolivien, Brasilien und Chile, 30 000 nach Argentinien. Die anderen Länder Latein- und Südamerikas nahmen jeweils mehrere tausend Exilanten auf. Auf Kuba hielten sich zwischenzeitlich um die 6000 Flüchtlinge auf, die von dort weiter in die USA reisen wollten. Nach Australien kamen etwa 9000 jüdische Flüchtlinge, nach Neuseeland um die tausend. Etwa ebenso viele fanden in Indien Zuflucht. Shanghai verlangte bis Ende 1941 als einziger Staat kein Visum; etwa 20 000 Personen nahmen diesen Weg. Nach Japan kamen ungefähr 4000 Juden, die meisten als Transitflüchtlinge, und auf die Philippinen emigrierten mehr als 1000 Menschen. Ebenso viele ließen sich in der Dominikanischen Republik nieder.[2]

Persönliche Schicksale

Soweit die Zahlen. So wichtig sie sind, bleiben sie abstrakt, wenn man sie nicht mit den individuellen Erfahrungen verbindet, die hinter ihnen stehen. Eine Geschichte des Exils ist eine Geschichte von persönlichen Schicksalen. Selbstverständlich ähnelten sich die Lebensläufe vieler Exilanten, sodass sich einige Gemeinsamkeiten und Muster erkennen lassen. Doch letztlich kann man die konkrete Erfahrung des Exils und die Bedeutung, die sie für einen Menschen hatte, nur auf persönlicher Ebene annähernd nachvollziehen. Jeder einzelne Lebenslauf ist eine eigene Geschichte, die nicht mehr oder weniger repräsentativ für das Exil ist; das Exil ist individuelle Erfahrung. Wie einschneidend diese persönlichen Erfahrungen und Empfindungen in der (anhaltenden) Situation des Exils gewesen sein müssen, lässt sich nur erahnen. Die Philosophin Hannah Arendt fasste die Exilerfahrung 1943 so zusammen:

> Wir haben unsere Heimat verloren, und damit die Vertrautheit des täglichen Lebens. Wir haben unsere Arbeit verloren, und damit die Überzeugung, in dieser Welt nützlich zu sein. Wir haben unsere Sprache verloren, und damit die Selbstverständlichkeit der Reaktionen, die Eindeutigkeit der Gesten, den ungekünstelten Ausdruck von

> Gefühlen. Wir haben unsere Verwandten in den polnischen Ghettos gelassen, und unsere besten Freunde sind in Konzentrationslagern ermordet worden, und das bedeutet das Zerbrechen unseres privaten Lebens.[3]

Viele der Exilbiographien handeln von verletzten Leben, gescheiterten Karrieren und verlorenen Hoffnungen. Hinzu kam das Hadern einiger Exilanten darüber, dass ihre Familienmitglieder und Freunde, die nicht hatten fliehen können, verhaftet, gefoltert oder gar ermordet wurden, während sie selbst zumindest physisch in Sicherheit waren. In der Rückschau erschien vielen der eigene Lebenslauf als weniger tragisch, denn die konkrete Bedrohung war vorüber und die Existenz gesichert – man hatte sich arrangiert, und: man hatte eine potenziell tödliche Bedrohung überlebt. Bei allem Kummer, der mit dem Exil verbunden sein konnte, war die Exilerfahrung nicht immer nur traurig und düster. Menschen konnten im Exil glücklich sein, neue Bekanntschaften machen und Freundschaften schließen, sich verlieben, neue berufliche Möglichkeiten und neue Interessen entdecken,

Hermann Kesten

Der in Nürnberg aufgewachsene Schriftsteller Hermann Kesten gehörte in der Weimarer Republik zu den wichtigsten Vertretern der Neuen Sachlichkeit. Als Lektor des Kiepenheuer Verlags arbeitete er erfolgreich mit bekannten Autoren zusammen und entdeckte neue Talente, musste dann aber Deutschland verlassen, weil er als jüdisch galt. Von Paris aus arbeitete er für den Exilverlag Querido. 1940 wurde er interniert, konnte jedoch über Großbritannien in die USA fliehen; seiner Frau, Mutter und Schwester gelang es erst nach einigen Monaten, Frankreich zu verlassen. Im amerikanischen Exil setzte sich Kesten für die Rettung europäischer Flüchtlinge ein. 1949 nahm er die US-Staatsangehörigkeit an, zog dann aber 1953 mit seiner Ehefrau nach Rom, später nach Basel. Der deutschen Sprache blieb er eng verbunden. In den Siebzigerjahren wurde er PEN-Präsident und erhielt mehrere literarische Auszeichnungen.

sich für das Gastland und dessen Kultur begeistern. Der Schriftsteller und Verleger Hermann Kesten (geboren 1900 in Podwołoczyska, Galizien, gestorben 1996 in Basel) hat dies sehr eindrücklich formuliert:

> Für jeden anständigen Menschen muss das Dritte Reich eine Hölle gewesen sein. Auch das Exil war eine Art Hölle, und für einen großen Teil der Emigranten bedeutete es Hunger, Gefängnis, Jagd durch Behörden, stete Flucht vor der Gestapo und der deutschen Armee und Folterung und Tod in Konzentrationslagern, Gaskammern, Gestapobüros. Dazu kam die moralische Hölle, die Hilflosigkeit, die tragische Situation von Kassandra, das Repetierliche einer grausigen Entwicklung, das scheinbar Ausweglose, das internationale Obskurantentum, die internationale Senkung des humanen Niveaus, und die Angst vor dem unausweichlichen Krieg, und der Krieg! Aber jede Hölle hat auch ihre lichten Momente, ihre gemütlichen Ecken, wo des Teufels Großmutter strickt, ihre Witze, ihre Ruhepausen, ihre schönen Stellen. Ich müsste mein Leben verleumden, wenn ich sagen wollte, diese dreizehn Jahre der deutschen Schmach seien nur Bitterkeit und Verzweiflung, Todesangst und banale Prophetie gewesen. Ich habe wahrscheinlich mehr gesehn, gelebt, gedacht und gelitten, als ich in dreizehn Jahren zuhaus in Berlin getan hätte [...].[4]

Zur Konzeption des Buches

Allgemein bekannt sind die Exilbiographien der „großen Namen“, vor allem der Künstler, Wissenschaftler, Schriftsteller und Politiker wie Thomas Mann, Albert Einstein und Bertolt Brecht. Die Exilerfahrungen solch berühmter Personen waren zweifellos einschneidend, aber aufgrund ihrer Prominenz und ihrer zahlreichen Kontakte hatten sie privilegierte Bedingungen und relativ große Handlungsspielräume. Gegenüber den prominenten Exilanten, die in Autobiographien über ihre Erfahrungen berichtet haben und deren Briefwechsel veröffentlicht sind, ist das Schicksal der „ganz normalen Exilanten“ viel komplizierter zu rekonstruieren. Sie haben ihre Briefe zu Hause aufgehoben und irgendwann aussortiert, und sollten sie Tagebuch geführt haben, ist es vermutlich nicht veröffentlicht worden. Doch es sind diese unbekannten, vermeintlich unspektakulären Biographien, die den weitaus größten Teil der deutschsprachigen Emigration zwischen 1933 und 1945 ausmachen. Deshalb will dieses Buch nicht nur die berühmten Fälle beschreiben, sondern auch Einblick in die „gewöhnlichen", letztlich wohl typischeren Exilschicksale geben. Neben geographischen Faktoren bestimmten Geschlecht, Alter, Beruf und Herkunftsmilieu, Familienstand, politische Ansichten, Ausbildung, sprachliche Fähigkeiten und nicht zuletzt Zufälle, wie die individuelle Exilerfahrung verlief und welche Bedeutung sie im jeweiligen Leben einnahm bzw. die Exilanten ihr zuwiesen.

Die zeitliche Eingrenzung des Buches (1933 bis 1945) ist entlang der Dauer der nationalsozialistischen Herrschaft gewählt. Das sollte jedoch nicht darüber hinwegtäuschen, dass das Exil für einige bereits vor der Machtübernahme der Nationalsozialisten am 30. Januar 1933 begann. Schon in der zweiten Hälfte der Zwanzigerjahre wählten einige Menschen das Exil, weil sie sich in der rechtsnationalistischen, zunehmend radikalen Atmosphäre der späten Weimarer Republik nicht sicher fühlten, sich von den unruhigen politischen Entwicklungen distanzieren wollten oder nach größerem künstlerischen und professionellen Freiraum suchten. Auch das Enddatum, 1945, ist nur ein provisorischer Fixpunkt. Für die meisten Flüchtlinge endete das Exil nicht mit der deutschen Kapitulation am 8. Mai 1945, sondern erst einige Jahre später – oder auch gar nicht. Die offizielle Bedrohung war 1945 vorüber, aber das hieß nicht, dass die Geflohenen ihre Identität und Lebensform als Exilanten gleich aufgegeben und sich in „Normalbürger" zurückverwandelt hätten. Das Exil kann ein Lebensschicksal sein, das sich nicht von einem auf den anderen Tag abwerfen lässt, sondern Spuren hinterlässt. Die Übergänge sind fließend, und es lässt sich nur schwer definieren, wo das Exil aufhört und die Emigration anfängt.

Auf Politiker, Intellektuelle, Wissenschaftler und Künstler, die aufgrund ihrer Gegnerschaft zum Nationalsozialismus das Land verlassen mussten, scheint das Konzept des Exils eher zuzutreffen als auf die große Zahl der „rassisch“ Verfolgten. Doch letztlich lassen sich die Lebensläufe der betroffenen Menschen nur sehr bedingt in solche schablonenhaften Kategorien einpassen. Das Exil konnte sich zur Emigration wandeln, indem die Exilanten ein neues Zuhause fanden und sich im Exilland einlebten, das ihnen bald vertrauter erschien als die frühere Heimat. Einige Flüchtlinge verstanden sich im Moment ihrer Flucht nicht als Exilanten, sondern definierten sich erst später als solche, als sie die politische Situation in Deutschland aus der Distanz beobachteten. Andere verzichteten vollständig auf derlei Definitionen, weil es für sie vor allem darum ging, sich möglichst rasch in der neuen Umgebung zu etablieren, die damit einhergehenden Herausforderungen zu bewältigen und die Chancen zu nutzen, die sich aus der Flucht ergaben. Der Dichter, Maler, Schriftsteller und Soziologe Kurt H. Wolff (geboren 1912 in Darmstadt, gestorben 2003 in Boston), der 1933 nach Italien und 1939 in die USA ging, sperrte sich gegen jede Kategorisierung. Er wolle „nicht als Emigrant, Flüchtling oder Einwanderer definiert werden“, betonte Wolff, dessen Bruder in Auschwitz ermordet wurde, denn „das würde bedeuten, dass Hitler mich wirklich besiegt hat, dass aus mir Hitlers Ebenbild oder Gegenbild, sein Sklave, ein bloßes Ding geworden ist“.[5]

Von den wenigsten Betroffenen gibt es solch explizite Erklärungen zum eigenen Selbstverständnis wie von Kurt H. Wolff. Aus pragmatischen Gründen werden deshalb im Folgenden die Begriffe „Exilant“ und „Emigrant“ synonym verwendet, ebenso „Heimatland“ und „Herkunftsland“, „Exilland“ und „Gastland“. Wenn von „Exilanten“, „Emigranten“ und „Remigranten“, „Künstlern“ und „Wissenschaftlern“, „Autoren“ und „Politikern“ die Rede ist, sind stets Frauen und Männer gleichermaßen gemeint, auch wenn die Erfahrung des Exils je nach Geschlecht unterschiedlich sein konnte.

Auf dem Weg ins Exil – Gründe, Wege, Hindernisse

Wer das Exil vermeiden kann, tut es zumeist; das war auch im Nationalsozialismus der Fall. Die Mehrzahl derjenigen, die zwar die nationalsozialistische Politik ablehnten, aber nicht akut bedroht waren, arrangierten sich mit dem Regime, suchten sich Nischen, in denen sie ihrer bisherigen Tätigkeit relativ unbeeinträchtigt nachgehen konnten, und versuchten, so wenig wie möglich aufzufallen. Nur wenige, die weitgehend unbeschadet in Deutschland hätten „überwintern" können, gingen aus Protest ins Exil, weil sie keine Kompromisse machen und sich nicht anpassen wollten. Einer von ihnen, der Autor Herbert Schlüter (geboren 1906 in Berlin, gestorben 2004 in München), wurde, so erzählten seine Freunde, 1933 in Berlin von einem SA-Mann angepöbelt, der ihn fälschlicherweise für einen Juden hielt. In diesem Moment entschied Schlüter: „Jetzt packe ich meine Koffer und reise ab."[6] Das tat er auch, aber nach einiger Zeit wurde ihm das Leben im Pariser Exil so schwer, dass er nach Deutschland zurückkehrte. Doch er merkte schnell, wie weit der Nationalsozialismus inzwischen in der deutschen Gesellschaft verankert war und konnte bzw. wollte sich nicht mit dieser Situation arrangieren. Also verließ er Deutschland abermals; die Stationen seines frei gewählten Exils waren Mallorca, Madrid und Florenz, bis er 1947 nach München zurückkehrte.

Herbert Schlüter war eine Ausnahme. Die meisten verließen ihre Heimat und suchten Zuflucht im Ausland aufgrund von Diskriminierung, Bedrohung und Angst. Einige, wie das Ehepaar Katia Mann (geboren 1883 in Feldafing, gestorben 1980 in Kilchberg) und Thomas Mann (geboren 1875 in Lübeck, gestorben 1955 in Kilchberg), hielten sich zur Zeit der nationalsozialistischen Machtübernahme zufällig im Ausland auf und kehrten nicht mehr nach Deutschland zurück. Katia Mann, die vor ihrer Heirat mit dem Autor der *Buddenbrooks* Mathematik und Physik studiert hatte, stammte aus der bekannten jüdischen Familie Pringsheim. Den Nationalsozialisten zufolge war sie Jüdin, ihre Kinder galten als „jüdische Mischlinge ersten Grades". Allerdings war dies nicht der offizielle Grund, weshalb die Familie Mann ins Exil ging; weder Katia noch ihre Kinder definierten sich als jüdisch. Ausschlaggebend war für sie die politische Ablehnung des Nationalsozialismus. Im Februar 1933 veröffentlichte Thomas Mann einen Vortrag mit dem Titel „Bekenntnis zum Sozialismus", in dem er sich für Humanismus und Bürgerlichkeit aussprach und indirekt vor den Nationalsozialisten warnte. Dafür geriet er ins Kreuzfeuer ihrer Kritik. Anstatt von einem Aufenthalt in der Schweiz nach München zurückzukehren, blieben Katia und Thomas mit ihren jüngeren Kindern in Zürich. Ihre älteste Tochter Erika Mann (geboren 1905 in München, gestorben 1969 in Zürich) kehrte bei Nacht und Nebel noch einmal in das Münchener Elternhaus zurück, das die Nationalsozialisten bewachten, und schmuggelte das Manuskript des *Joseph*-Romans ihres Vaters über die Grenze. Erikas Großeltern mütterlicherseits blieben vorerst in München, obwohl sie aufgrund ihrer jüdischen Herkunft bedroht waren. Erst 1939 gelang es ihnen, Deutschland zu verlassen und in die Schweiz zu fliehen.

Diskriminierung und Verfolgung

Die Diskriminierung aller etwaigen und als solcher definierten Feinde der Nationalsozialisten verschärfte sich seit 1933 kontinuierlich. Mit dem „Gesetz zur Wiederherstellung des Berufsbeamtentums", das im Frühjahr 1933 in Kraft trat, wurden „nichtarische" Personen aus dem öffentlichen Dienst entlassen. Zahlreiche Behörden, Vereine und Organisationen führten wenig später „Arierparagraphen" ein, mit deren

Hilfe den nun offiziell unerwünschten Angestellten fristlos gekündigt wurde. Ein Boykott gegen jüdische Geschäfte sollte im April 1933 dazu dienen, antisemitische Ressentiments in der Bevölkerung zu schüren und die „Nichtarier" dazu zu bewegen, Deutschland zu verlassen. Bis Mitte der Dreißigerjahre wurde ein Viertel bis ein Fünftel der jüdischen Privatunternehmen „arisiert", d. h., die Besitzer wurden finanziell und politisch so sehr unter Druck gesetzt, dass sie ihre Betriebe und Geschäfte völlig unter Wert verkauften oder überschrieben. Im September 1935 wurden dann die sogenannten Nürnberger Gesetze verkündet, die die jüdische Bevölkerung im Deutschen Reich faktisch entrechteten. Dabei erfolgte die Definition von Personen als „jüdisch" unabhängig davon, ob diese tatsächlich gläubige, praktizierende Juden waren und sich selbst als Juden definierten oder nicht.

Viele derjenigen, die von den Nationalsozialisten aufgrund ihres nominellen „Jüdischseins" verfolgt wurden, hatten keinen Bezug zur jüdischen Religion und Kultur. Etliche ursprünglich jüdische Familien waren bereits im Kaiserreich zum Christentum übergetreten. Viele von ihnen verstanden sich in erster Linie als Deutsche und erst in zweiter Linie oder gar nicht als Juden. Für sie war es völlig unverständlich, dass die Nationalsozialisten sie plötzlich aufgrund einer Identität, die gar nicht ihre eigene war, angriffen und ausgrenzten. Der Historiker Hans Baron meinte dazu, es sei „das Schlimmste und Fürchterlichste, dass die eigenen Volksgenossen, mit denen man sich zeitlebens eins glaubte, kommen und Volk und Vaterland und alles, was man für heilig hielt, fortnehmen können".[7] In dieser Formulierung kommt auch zum Ausdruck, dass es nicht allein die offiziellen Instanzen waren, von denen die Diskriminierung und Entrechtung ausging. Große Teile der deutschen Bevölkerung beteiligten sich an der antisemitischen Hetze, unterstützten den Boykott jüdischer Geschäfte, drangsalierten jüdische Nachbarn und Bekannte und taten sich in der Öffentlichkeit mit rassistischen Parolen hervor. Von der Polizei und von Gerichten war keine Hilfe gegen die alltägliche Bedrohung zu erwarten, ebenso wenig wie von anderen Behörden, die sich ganz in den Dienst des NS-Staates stellten.[8]

Auswanderungsberatung in einem Büro für jüdische Emigranten in Berlin, Dreißigerjahre

Dennoch konnten sich anfangs nur wenige der Bedrohten entscheiden, ihre Heimat aufzugeben; nur etwa 130 000 deutsche Juden verließen zwischen 1933 und 1937 das Deutsche Reich. Vor allem ältere Menschen klammerten sich an die Hoffnung, der „Spuk“ werde schon vorübergehen, wenn man nur Geduld habe. Diejenigen, die nicht daran glaubten, zögerten häufig aufgrund familiärer Bindungen, Deutschland zu verlassen. Gerade Frauen fiel es schwer, sich zur Flucht zu entschließen, weil sie ihre Eltern nicht allein zurücklassen wollten. Andererseits fassten alleinstehende Frauen schneller den Entschluss zur Flucht, und viele derjenigen, die verheiratet waren, drängten ihre Ehemänner dazu, die Emigration vorzubereiten. Insgesamt tendierten die Männer jedoch dazu, abzuwarten und auszuharren. Die Vorstellung, das eigene Land zu verlassen, alles aufzugeben und sich von Verwandten und Freunden zu trennen, war für die meisten unvorstellbar.

Sigmund Freud (geboren 1856 in Příbor, Mähren, gestorben 1939 in London), der international angesehene Begründer der Psychoanalyse, war zur Zeit der nationalsozialistischen Machtübernahme in Österreich schon 77 Jahre alt. Er wehrte sich fünf Jahre lang gegen Aufforderungen von Verwandten und Bekannten, Wien zu verlassen und ins sichere Exil zu gehen. Bereits 1933 hatten die Nationalsozialisten seine Veröffentlichungen verbrannt, weil sie seine Theorien über Hysterie, Traumdeutung, Triebstruktur und Unterbewusstsein für „undeutsch" und „entartet" hielten. Doch Freud war schwer krebskrank und wollte deshalb nicht mehr reisen, die Strapazen eines Umzugs auf sich nehmen und, wie er noch Anfang 1938 argumentierte, Österreich im Stich lassen. Doch nach dessen „Anschluss" war klar, dass der Psychiater in Wien nicht mehr sicher war. Nachdem seine Tochter, Anna Freud (geboren 1895 in Wien, gestorben 1982 in London), von der Gestapo verhört worden war, entschloss er sich schließlich doch zur Flucht. Kurz zuvor zwang ihn die Gestapo noch, eine Bescheinigung zu unterzeichnen, dass er nicht misshandelt worden sei; er leistete seine Unterschrift, notierte darunter aber in einem Akt von Galgenhumor oder Widerstand: „Ich kann die Gestapo jedermann auf das beste empfehlen."[9] Nach einem Jahr im Londoner Exil starb Freud

Anna Freud

Anna Freud war die jüngste Tochter Sigmund Freuds. Sie absolvierte eine Ausbildung zur Volksschullehrerin, beschäftigte sich dann aber vor allem mit der Psychoanalyse, wurde selbst Psychoanalytikerin und assistierte ihrem Vater. Mit ihm reiste sie auf Kongresse, kümmerte sich um seine Korrespondenz, pflegte ihn, als er erkrankte, und organisierte die Flucht aus Wien. Im britischen Exil eröffnete sie gemeinsam mit ihrer amerikanischen Lebensgefährtin Dorothy Burlingham-Tiffany ein Heim für Kriegswaisen. Nach dem Krieg bauten sie das Heim zur Hampstead Clinic aus, einem kinderanalytischen Lehr- und Behandlungszentrum. Zugleich führte Anna Freud die Arbeit ihres Vaters fort und vertrat seine Ideen auf internationalen Kongressen.

1939. Anna Freud wurde in England zu einer wichtigen Mitbegründerin der Kinderpsychoanalyse.

Gegenüber der Mehrheit der Exilanten, die sich 1938 zur Flucht entschlossen, war Sigmund Freud in klarem Vorteil. Er verfügte über hochrangige internationale Kontakte und erhielt relativ einfach eine Aufenthaltsgenehmigung für England, eine österreichische Unbedenklichkeitsbescheinigung und einen Pass – auch wenn all dies mit umständlichen bürokratischen Prozeduren und hohen Gebühren verbunden war. Die weniger prominenten Exilanten hatten unterdessen oft erhebliche Schwierigkeiten, Zuflucht im Ausland zu finden, weil die Einreisebestimmungen im Laufe der Dreißigerjahre immer restriktiver wurden. Damit mussten auch jene kämpfen, die im Zuge des antijüdischen Pogroms am 9. November 1938 verhaftet wurden – neben der Zerstörung der Synagogen, Geschäfte und Wohnungen ein Mittel der Nationalsozialisten, die jüdische Bevölkerung noch weiter einzuschüchtern. Etliche der etwa 30 000 Männer, die sie in diesem Zusammenhang in den Konzentrationslagern Buchenwald, Dachau und Sachsenhausen inhaftierten und misshandelten, wurden nur unter der Auflage entlassen, innerhalb kürzester Zeit das Land zu verlassen. Doch schon der Versuch, eine Fahrkarte zu kaufen oder einen Pass zu beantragen, um in ein anderes Land einzureisen, konnte zum Spießrutenlauf werden. Die Geschichte von Hertha und Erich Nathorff steht stellvertretend für die Erfahrungen, die viele derjenigen machten, die bis Ende der Dreißigerjahre gehofft hatten, das NS-Regime werde seine Politik gegenüber der jüdischen Bevölkerung mildern.

Die Nathorffs, ein in Berlin weithin bekanntes Arztehepaar, bemühten sich seit Sommer 1938 um die Ausreise, da sie als Juden nicht mehr praktizieren durften und damit keine Existenzgrundlage in Deutschland besaßen. Sie erhielten Unterstützung von Verwandten in den USA und warteten auf ihre Visa, doch dann wurde Erich Nathorff im Zuge des Novemberpogroms in Sachsenhausen interniert. Um ihre Männer aus der Haft zu befreien, versuchten viele Ehefrauen, die für die Ausreise notwendigen Papiere zu erhalten. So auch Hertha Nathorff: Sie sprach beim amerikanischen Konsulat und bei der

Hertha und Erich Nathorff in Berlin, 1930

Auswandererberatungsstelle vor, versuchte, Schiffspassagen zu buchen, um vorweisen zu können, dass sie und ihre Familie tatsächlich ausreisen würden, und erkundigte sich nach Visamöglichkeiten für andere Länder. Schließlich buchte sie eine Passage nach Kuba und konnte somit einen Reisepass beantragen. Dieses Unterfangen nahm mehrere Tage in Anspruch und erforderte mehrere behördliche Unbedenklichkeitsbescheinigungen, weil das Deutsche Reich nicht auf möglicherweise noch ausstehende Steuern (u. a. die sogenannte „Reichsfluchtsteuer", die Juden bezahlen mussten) verzichten wollte.

Anfang Dezember 1938 erhielt Hertha Nathorff eine Quotennummer vom amerikanischen Konsulat, mit der die Einreise in die USA im Sommer 1939 möglich sein sollte. Um die Zeit bis dahin zu überbrücken, bewarb sich die Familie um eine britische Aufenthaltsgenehmigung; nach vielen Mühen lag sie im Februar 1939 vor. In der Zwischenzeit mussten die Nathorffs allerdings erfahren, dass die Passage nach Kuba, die sie gekauft hatte, nicht erhältlich war. Im März schickte das Ehepaar seinen vierzehnjährigen Sohn mit einem Kindertransport nach London und begann mit der Auflösung der Berliner Wohnung. Alle Wertgegenstände bis auf einige Kleinigkeiten mussten sie weit unter Wert an die deutschen Behörden „verkaufen“ und zusätzlich hohe Ausreisegebühren zahlen, um ihr Mobiliar mitnehmen zu dürfen. Unter Aufsicht eines Zollbeamten wurden die Einrichtungsgegenstände verpackt und in einem sogenannten „Lift“ nach Rotterdam geschickt. Ihre Reisekoffer wurden verplombt, um zu verhindern, dass sie heimlich Wertgegenstände einpackten und am Zoll vorbeischleusten. Im April 1939 reisten die Nathorffs schließlich nach England. Dort mussten sie so lange auf die Weiterreise in die USA warten, dass ihre bereits erworbenen Schiffskarten verfielen. An das Geld, das sie in Deutschland auf der Bank hatten, kamen sie nicht heran, ebenso wenig wie an den Lift. Für dessen Transport sollten sie ein zweites Mal bezahlen, doch dazu fehlten ihnen die notwendigen Devisen. Erst im Februar 1940 gelangte die Familie nach New York City.[10] Im Nachhinein mag es nach einer relativ glimpflich verlaufenen Flucht klingen, doch die entwürdigende Behandlung durch die deutschen Behörden, die anhaltende Ungewissheit und die Furcht vor einer neuerlichen Verhaftung waren einschneidende Erfahrungen – all das als Teil des Verlusts der Heimat.

Auf der Suche nach einem Gastland

Wie die Geschichte der Nathorffs zeigt, galt es nicht nur die deutsche, sondern auch die Bürokratien der Einreiseländer zu überwinden. Vergleichsweise leicht war die Einreise nach Palästina, weil sich zionistische Organisationen auf diplomatischer Ebene einsetzten und finanzielle und organisatorische Hilfe leisteten. So gelang es etwa 60 000 jüdischen Deutschen, nach Palästina zu emigrieren. Für andere Länder waren die Visumsregelungen viel strenger. Dies brachte lange Warte-

Andrang vor dem Buchungsbüro der Schifffahrtsgesellschaft „Palestine and Orient Lloyd" in Berlin, 1939

FOERD

zeiten und umständliche Wege mit sich, die an den Nerven der bedrohten Menschen zehrten. Besonders die USA praktizierten eine sehr rigide Einreisepolitik, die sie seit Kriegseintritt kontinuierlich verschärften. Zwar hatte Präsident Roosevelt 1938 eine internationale Konferenz im französischen Évian initiiert, um über die Möglichkeit zu beraten, Flüchtlinge aus Österreich und dem Deutschen Reich aufzunehmen. Doch die Konferenz ging ohne konkrete Ergebnisse zu Ende; letztlich war keines der beteiligten Länder ernstlich bereit, eine bestimmte Zahl von jüdischen Flüchtlingen zu beherbergen. Auch die USA verschlossen sich der Einwanderung. Sie teilten den verschiedenen Ländern, aus denen Menschen in die Vereinigten Staaten einreisen wollten, jährliche Quoten zu; im deutschen Fall handelte es sich um 27 370 Personen, die pro Jahr ein amerikanisches Visum erhalten konnten. Allerdings wurden diese Quoten nach 1940 nicht mehr ausgenutzt, weil es zu schwierig war, überhaupt das Land zu verlassen, und weil die Anforderungen für ein Visum so hoch waren. Prominente Flüchtlinge konnten noch auf ein spezielles Einreiseprogramm hoffen, doch auch sie mussten ab 1941 zwei Bürgschaften aus den USA vorlegen, um Chancen auf ein Visum zu haben.

Viele derjenigen, die auszureisen versuchten, befanden sich in einem Wettlauf gegen die Zeit. Die täglichen Drangsalierungen sowie die konkrete Bedrohung nahmen sukzessive zu, während sich die Chancen auf ein Visum mit Beginn des Krieges dramatisch verringerten. Zunehmend war die Wahl des Exillandes nicht mehr eine freie, sondern eine überaus pragmatische Wahl. Hatten die meisten Flüchtlinge in den frühen Dreißigerjahren versucht, in west- und mitteleuropäischen Ländern unterzukommen, weil ihnen deren Kultur am vertrautesten war und sie sich vergleichsweise leicht zurechtfinden konnten, spielten solche „luxuriösen“ Erwägungen später keine Rolle mehr. Auch ganz und gar unbekannte Länder und Kontinente wurden nun zu Zufluchtsorten, einfach deshalb, weil sie Einreise- und Aufenthaltsmöglichkeiten boten, die andernorts nicht mehr bestanden. Pinchas Erlanger (geboren 1926 in Ravensburg) erinnerte sich, dass seine Eltern seit 1936 die Auswanderung „nach Palästina, Uruguay und

Kenia in Betracht zogen [...], aber sie erwogen auch die Auswanderung in die USA, nach Australien und in die Dominikanische Republik". Außerdem versuchten sie zeitweilig, Zuflucht in Zypern und Syrien zu finden. Nachdem die Ausreise in die USA am strikten Quotensystem gescheitert war, gelang der Familie schließlich in letzter Minute die Flucht nach Palästina.[11]

Zwischen 1938 und 1939 konnten noch etwa 120 000 Juden aus Deutschland fliehen; dabei mussten sie fast all ihren Besitz zurücklassen. Bis die Nationalsozialisten die Emigration am 1. Oktober 1941 verboten, gelang noch einmal 18 000 bis 20 000 Menschen die Flucht.

Transit

Solange es die politische Lage zuließ, flohen zahlreiche Menschen in die Tschechoslowakei und nach Frankreich, wo große Exilgemeinden entstanden. Schon Ende 1933 befanden sich etwa 30 000 deutsche Emigranten in Frankreich, und im südfranzösischen Sanary-sur-Mer etablierte sich eine deutsche Künstlerkolonie. Paris und Prag wurden zu Zentren der deutschsprachigen Emigration. Hier fanden Exilanten Kontakte zu anderen Flüchtlingen und politischen Gruppen, die ihnen behilflich waren, Arbeit zu finden und gegebenenfalls die weitere Emigration zu planen. Doch gerade dieser Schritt fiel schwer, denn er bedeutete neuerliche Unsicherheit und zugleich das Eingeständnis, dass man sich von den Machthabern vertreiben ließ. Hermann Kesten beschrieb seine Situation im französischen Exil im Oktober 1938 folgendermaßen:

> Ich fürchte den Krieg und diesen Frieden, verabscheue dieses neue Europa und hänge am alten Erdteil, möchte fliehen und habe weder Papiere noch Geld.[12]

Strukturelle Hindernisse und psychologische Hürden bedingten, dass viele der Gefährdeten erst spät und unter immer schwierigeren Umständen den Weg in ein wirklich sicheres Exil antraten.

> Je später die Flucht aus dem nationalsozialistischen Machtbereich glückte, desto größer waren die Opfer an Hab und Gut, aber auch die psychischen Lasten im Gepäck.[13]

Mit dem „Anschluss" Österreichs an das nationalsozialistische Deutschland und der Annexion eines großen Teils der Tschechoslowakei im Zuge des Münchener Abkommens verschärfte sich die politische Situation 1938 für die Exilanten erheblich. Nun wurde klar, dass an eine Rückkehr so bald nicht zu denken war, sodass sie sich auf ein längeres Exil einstellen mussten. Die Familie Mann zum Beispiel, die sich seit 1933 in Zürich aufhielt und die Lage in Deutschland beobachtete, entschied sich angesichts der politischen Situation 1938, in die USA zu gehen. Thomas Mann hatte bis dahin die Hoffnung gehegt, dass sich ein Arrangement finden lasse und er nach Deutschland zurückkehren könne; u. a. aus diesem Grund hatte er auch darauf verzichtet, sich öffentlich zur politischen Situation zu äußern. Sein Bruder Heinrich Mann war der weitaus prominentere Gegner des Regimes, und auch die beiden ältesten Mann-Kinder hatten viel früher und energischer als ihr Vater begonnen, öffentlich Stellung gegen die Nationalsozialisten zu beziehen. Klaus Mann schrieb antifaschistische Romane und Reportagen und gab zeitweilig eine Zeitschrift, *Die Sammlung*, heraus, in der exilierte Schriftsteller publizierten.

Erika Mann, eine in der Weimarer Republik weithin bekannte Schauspielerin, Kabarettistin und Journalistin, eröffnete am 1. Januar 1933 in München ein eigenes Kabarett, „Die Pfeffermühle". Dass sich das Kabarett anfangs im Gebäude in enger Nähe zum Hofbräuhaus befand, in dem 1920 die NSDAP gegründet worden war, ließ sich durchaus programmatisch deuten. Gemeinsam mit Therese Giehse (geboren 1898 in München, gestorben 1975 in München), ihrem Bruder Klaus und anderen linksorientierten Kolleginnen und Kollegen schrieb und inszenierte Erika Mann Stücke mit politischen Anspielungen, die beim Publikum auf großen Anklang stießen. Wenige Wochen nach der Eröffnung des Kabaretts übernahmen die Nationalsozialisten auch in München die Macht, und Erika floh Mitte März nach Zürich. Dort eröffnete sie die „Pfeffermühle" neuerlich im September 1933, bis das Kabarett 1934 nach Basel umzog. Im Exil verschärfte die „Pfeffermühle" ihre Kritik an den Nationalsozialisten. Jene reagierten darauf, indem sie Erika Mann 1935 die deutsche Staatsbürgerschaft aberkannten; die Kabarettistin hatte jedoch rechtzeitig eine Zweckehe mit dem Schriftsteller Wystan H. Auden geschlossen, um einen britischen Pass zu erhalten. Als der nationalistische Widerstand gegen das antifaschistische Programm der „Pfeffermühle" in der Schweiz zu groß wurde, tourte die Gruppe durch die Tschechoslowakei und die Benelux-Länder. Insgesamt trat sie bis Mai 1936 mehr als eintausend Mal auf und verbreitete ihre Kritik am NS-Regime europaweit.

Dass der weltberühmte Thomas Mann unterdessen zwar die Aktivitäten seiner Kinder befürwortete, selbst aber schwieg, provozierte 1936 einen heftigen Streit in der Familie. Erika warf ihrem Vater vor, zu sehr auf seinen eigenen Vorteil bedacht zu sein, anstatt sich klar

Therese Giehse

Therese Giehse war eine der bedeutenden deutschen Schauspielerinnen. In eine bürgerliche jüdische Familie geboren, wandte sie sich früh dem Theater zu. 1926 erhielt sie ein Engagement an den Münchener Kammerspielen; dort übernahm sie eine Vielzahl ganz unterschiedlicher Rollen und war beim Publikum überaus beliebt. Als politische Gegnerin der Nationalsozialisten schloss sie sich 1933 der „Pfeffermühle" an und floh im März des Jahres in die Schweiz. Eine Zweckehe mit John Hampson-Simpson verhalf ihr nach ihrer Ausbürgerung zu einem britischen Pass. Nachdem die „Pfeffermühle" in den USA gescheitert war, kehrte Therese Giehse nach Zürich zurück und war dort am Schauspielhaus tätig. Bertolt Brecht schickte ihr aus dem finnischen Exil sein Stück *Mutter Courage*, mit dem sie nach dem Krieg neuerliche Berühmtheit erlangte. Kurze Zeit arbeitete sie – u. a. als Regisseurin – am Berliner Ensemble, bevor sie 1952 an die Münchener Kammerspiele zurückkehrte, wo sie bis zu ihrem Tod auftrat.

auf die Seite der Hitler-Gegner zu stellen und für die Exilanten einzutreten. Der drohende Bruch mit seiner Lieblingstochter brachte den Autor dazu, endlich seine Deckung zu verlassen und sich gegenüber den Nationalsozialisten zu positionieren. In der *Neuen Zürcher Zeitung* publizierte er einen Artikel, in dem er die Nationalsozialisten unverhohlen angriff. Nur wenige Monate später wurde auch dem Nobelpreisträger die deutsche Staatsbürgerschaft entzogen. Sein Status als Feind des NS-Regimes war damit besiegelt, und angesichts der stetig wachsenden Kriegsgefahr ließ sich nicht mehr übersehen, dass die Lage in Europa für die Familie aussichtslos war. Als Mann bei einer Lesereise in den USA im Februar 1938 eine Stelle an der Princeton University angeboten wurde, ergriff die Familie diese Gelegenheit. Dabei kam Thomas Mann zugute, dass er seit 1936 Staatsbürger der Tschechoslowakischen Republik war. In den Dreißigerjahren hatte die ČSR ungewöhnlich freizügig die tschechoslowakische Staatsangehörigkeit vergeben, was für viele ausgebürgerte Flüchtlinge eine Rettung bedeutete, weil sie sonst keine Visa hätten beantragen können. In den USA angekommen, lebte die Familie Mann für zwei Jahre in Princeton, bis sie an die Westküste zog, wo sie bis Anfang der Fünfzigerjahre blieb.

Internierung im Exilland

Weitaus schwieriger war die Situation derjenigen Exilanten, die nach Wien, Prag und andere Orte geflüchtet waren und sich dort 1938 aufhielten. Um dem deutschen „Zugriff“ zu entkommen, mussten sie weiterfliehen, doch die Bedingungen wurden aufgrund der drohenden Kriegsgefahr immer komplizierter. 1939 wurden in Frankreich Internierungslager für deutsche Flüchtlinge eingerichtet.[14] Mit dem deutschen Überfall auf Polen und dem daraus resultierenden Ausbruch des Krieges am 1. September 1939 steigerte sich die Gefahr für die Exilanten akut.

Hermann Kesten war einer von vielen Flüchtlingen in Frankreich, die im September 1939 erfuhren, „dass ich in ein Konzentrationslager gehn [sic] muss [...]. Es ist eine ungedeckte Radfahr-Arena, mit Wiese und Tribünen, Platz, um 500 Menschen unterzubringen, nicht aber 15 000 oder 20 000 zusammenzupferchen. Ich habe Angst davor".[15] Er kam in ein Arbeitslager, aus dem er nach einem Monat entlassen wurde.

Wie Kesten kamen etliche Prominente aus den Arbeitslagern frei, weil sich internationale Organisationen oder berühmte Persönlichkeiten für sie einsetzten; andere wurden entlassen, nachdem Sichtungskommissionen sie für „ungefährlich" erklärt hatten. Etwa 3000 Internierte ließen sich von der französischen Fremdenlegion anheuern – eine Entscheidung, die zwar die Gefangenschaft beendete, aber weder Freiheit noch Sicherheit bedeutete. Ende 1939 befanden sich von den ursprünglich etwa 22 000 Männern und etlichen hundert Frauen, die im Herbst interniert worden waren, fast noch die Hälfte in den Lagern. Ab Januar 1940 wurden 6500 von ihnen in Arbeitskompanien eingegliedert, die zur französischen Armee gehörten, und mussten dort Schwerstarbeit verrichten. Die meisten dieser *prestataires* konnten in den unbesetzten Süden Frankreichs flüchten, bevor die deutschen Truppen das Land im Juni 1940 überfielen. Die französische Regierung stimmte nach der Kapitulation der Auslieferung der deutschen Flüchtlinge zu; deshalb versuchten fast alle, die nördliche Zone Frankreichs zu verlassen. Jene, denen dies nicht gelang, sowie die der Fremdenlegion beigetretenen Flüchtlinge wurden wiederum in Zwangsarbeitslager interniert (*Groupements de travailleurs étrangers*). Im Februar 1942 belief sich die Zahl der dort Festgehaltenen auf etwa 38 000 Menschen.[16]

Die Geschichte der Flüchtlinge aus den deutschsprachigen Gebieten, die vom Kriegsausbruch überrascht wurden, hat die Schriftstellerin Anna Seghers (geboren als Netty Reiling 1900 in Mainz, gestorben 1983 in Ost-Berlin) in ihrem berühmten Buch *Transit* festgehalten, das als einer der bedeutendsten Exilromane gilt. Seghers, die aus einer orthodoxen jüdischen Familie stammte, hatte Geschichte, Kunstgeschichte und Sinologie in Köln und Heidelberg studiert und 1924 promoviert. Nachdem sie sich bereits während ihres Studiums an den Aktivitäten linker Kreise beteiligt hatte, trat sie 1928 der Kommunistischen Partei Deutschlands (KPD) bei und war Mitgründerin des Bundes proletarisch-revolutionärer Schriftsteller. Im selben Jahr erhielt sie den Kleist-Preis und nahm den Künstlernahmen Seghers an. Sie schrieb Beiträge für kommunistische Zeitungen wie *Die Rote Fahne* und *Die Linkskurve* und veröffentlichte 1932 das antifaschistisch motivierte Buch *Die Gefährten*. Daraufhin wurde sie von der Gestapo verhaftet und floh nach ihrer Entlassung mit ihrem Mann, Laszlo Radványi (geboren 1900 in Budapest, gestorben 1978 in Ost-Berlin), und ihren beiden Kindern Peter und Ruth über die Schweiz nach Frankreich. In Paris arbeitete sie als Redaktionsmitglied der *Neuen Deutschen Blätter*, war in politischen Exilgruppen aktiv, schrieb für deren Zeitschriften und nahm an antifaschistischen Künstler- und Schriftstellerkongressen teil. Ihr Mann wurde mit Kriegsbeginn von den Franzosen in einem südfranzösischen Lager interniert. Währenddessen musste sich Seghers mit den Kindern in Paris verstecken, nachdem ihr erster Versuch, vor der Wehrmacht ins unbesetzte Südfrankreich zu fliehen, gescheitert war. Erst im zweiten Anlauf gelang die Flucht. Um in der Nähe ihres Mannes zu sein, hielt sich Anna Seghers in der Gegend um Marseille auf; von dort aus bemühte sie sich auch um Papiere für die Flucht aus Europa. Im März 1941 konnte die inzwischen wieder vereinte Familie über Martinique und New York nach Mexiko reisen.

Dort trafen die Flüchtlinge insgesamt gute Bedingungen an. Zwar waren sie anfangs auf die Hilfe religiöser, politischer oder karitativer Gruppen angewiesen, doch immerhin konnten sie „ohne Furcht vor staatlicher Repression und einer möglichen Illegalisierung“ leben, „ohne Angst, von den faschistischen Armeen eingeholt zu werden“.[17] Die mexikanische Regierung, die seit 1942 zur Anti-Hitler-Allianz gehörte, machte es den europäischen Exilanten relativ leicht, die mexikanische Staatsangehörigkeit zu erwerben, sodass sie juristisch gleichgestellt waren, arbeiten und reisen konnten. Auch diesen Umständen war es zu verdanken, dass Anna Seghers innerhalb kurzer Zeit ihren Roman *Transit* schreiben und 1944 veröffentlichen konnte.

Transit basiert u.a. auf den eigenen Erfahrungen der Autorin in Marseille. Erzähler des Romans ist ein junger Mann, der aus einem deutschen Konzentrationslager geflohen und in Frankreich untergetaucht ist, bis er bei Kriegsausbruch interniert wird und kurz nach dem Einmarsch der Deutschen nach Südfrankreich flieht. In Marseille beobachtet er die verzweifelten Versuche der deutschen Flüchtlinge, Visa für die USA, Mexiko, Kuba und andere Länder zu beantragen, nimmt die Identität eines Flüchtlings an, der Selbstmord begangen hat, und verhilft Bekannten zur Flucht. Der Titel des Buches, *Transit*, ist doppelt belegt: Zum einen verweist er auf die Kategorie des Transit-Visums, das die Exilanten benötigten, wenn sie durch andere Länder reisen mussten, um an ihren Zielort zu gelangen. Dieses Visum zu erhalten bedeutete eine zusätzliche bürokratische Hürde, an der etliche Flüchtlinge scheiterten. Zum anderen steht „Transit" als „Chiffre für die transitorische Existenz, für den das Leben beherrschenden Zustand der Durchreise, den die Emigranten auf sich nehmen mussten".[18] Parallel zu dieser Erfahrung des improvisierten Lebens in abgewohnten, hellhörigen Hotelzimmern bei ständig schwindenden finanziellen Mitteln fanden sich viele Flüchtlinge in Marseille mit scheinbar unüberwindbaren Problemen konfrontiert: Die strikten Visaquoten, kurzfristig gestrichene Schiffspassagen und die politische Verfolgung durch die französische Polizei gaben ihnen das Gefühl, selbst im noch unbesetzten Teil Frankreichs in der Falle zu sitzen und zusehen zu müssen, wie die Chancen auf Ausreise immer geringer wurden. Der Schriftsteller Hans Sahl (geboren 1902 in Dresden, gestorben 1993 in Tübingen) hielt die Stimmung in einem Gedicht, *Marseille IV*, fest:

Wir denken nicht, wir fühlen nicht, wir warten,
Wir tragen unsre Unrast durch die Zeit,
Wir stehen tagelang vor Konsulatsportalen,
Wir haben nichts als unsere Haut zu zahlen
Und jagen nach Papieren, Stempeln, Scheinen,
Wir sind von früh bis abends auf den Beinen
Und sind noch hier.

Wir leben nicht, wir sterben nicht, wir warten,
Wir laufen um die Wette mit dem Tod,
Wir wissen alle, dass wir warten müssen,
Wir sind schon tot, bevor wir es selbst wissen,
Und spielen mit Gefühlen wie mit Bällen,
Wir lassen uns von jedem Dummkopf prellen
Und buchen Plätze auf Gespensterschiffen,
Wir haben unser Schicksal längst begriffen
Und sterben nicht.[19]

Hans Sahl

Der in Berlin aufgewachsene Hans Sahl studierte in Leipzig und Breslau Literatur und Kunstgeschichte. Im Anschluss an seine Promotion 1924 kehrte er nach Berlin zurück und begann eine Karriere als Literatur- und Filmkritiker; parallel schrieb er Gedichte und Theaterstücke. 1933 hatte er gerade einen Vertrag mit dem Rowohlt Verlag unterzeichnet, um ein Buch über die Geschichte des Stummfilms zu verfassen, musste dann aber fliehen, weil er Jude und Kommunist war. Im französischen Exil schrieb er Texte für die „Pfeffermühle". 1939 wurde er interniert, entkam und floh vor der deutschen Armee nach Marseille; während dieser Zeit brach er mit dem Marxismus und der Kommunistischen Partei. Mit Hilfe des Emergency Rescue Committee, für das er in Marseille arbeitete, gelang ihm 1941 die Ausreise in die USA. In New York lebte er von Übersetzungsarbeiten und schrieb Gedichte und Hörspiele, vielfach mit biographischem Hintergrund.

Hilfe aus Übersee – Das Emergency Rescue Committee

Mehreren tausend Flüchtlingen kam in dieser scheinbar aussichtslosen Situation die Hilfe des Emergency Rescue Committee zugute, das der amerikanische Journalist Varian Fry (geboren 1907 in New York City, gestorben 1967 in Easton, Connecticut) in Marseille repräsentierte. Gegründet worden war das Komitee von sozialistisch orientierten Intellektuellen in den USA, die Verbindungen nach Europa hatten und Geld sammelten, um den polnischen, tschechischen, französischen, deutschen und österreichischen Verfolgten zu helfen. Eleanor Roosevelt, Ehefrau des US-Präsidenten Theodor Roosevelt, überzeugte auf Bitten des Komitees ihren Mann, ein Spezialvisum für verfolgte Wissenschaftler, Künstler, Politiker und Gewerkschafter zu schaffen, um ihnen die Ausreise zu erleichtern; dieses Visum vermittelte Fry den Exilanten. Geflohene Schriftsteller und Künstler sowie Mitarbeiter der Rockefeller Foundation, des Museum of Modern Art und der New School for Social Research in New York erstellten Listen mit den Namen derjenigen, die in besonderer Gefahr waren. Unter dem Deckmantel einer amerikanischen Organisation, deren Ziel es war, die Ausreise von Flüchtlingen in die USA zu erleichtern, verhalf Fry den Flüchtlingen zur Ausreise aus Frankreich. Er arrangierte Reiserouten, mietete zwischenzeitlich eine Villa, um einige der Verfolgten zu verstecken, und besorgte ihnen Geld, gefälschte Pässe, Aufenthaltsgenehmigungen sowie Ausreise- und Transitvisa. Um die Papiere kümmerte sich der tschechoslowakische Konsul in Marseille, Vladimír Vochoč. Auf teils abenteuerlichen Wegen wurden die Flüchtlinge schließlich über die Landesgrenzen geschleust. In Zusammenarbeit mit dem im Widerstand aktiven Ehepaar Lisa und Hans Fittko und dem hilfsbereiten Bürgermeister eines kleinen Grenzdorfes gelangten 200 Menschen zu Fuß über die Pyrenäen und von dort über Lissabon in die USA. Hannah Arendt, Heinrich Mann, Franz Werfel, Lion Feuchtwanger sowie mehreren tausend anderen (prominenten und weniger prominenten) Flüchtlingen glückte mit Frys Hilfe die Flucht in die Vereinigten Staaten.

Gescheiterte Flucht

Nicht alle der etwa 40 000 deutschen und österreichischen Juden, die sich bei Kriegsbeginn in Frankreich aufhielten, konnten das Land rechtzeitig verlassen. Fast 10 000 wurden von den Franzosen an die

Deutschen ausgeliefert, die übrigen seit 1942 in die Vernichtungslager deportiert.[20] Einer derjenigen, denen die Ausreise in die Vereinigten Staaten nicht gelang, war der Kunstkritiker, Kulturwissenschaftler und Philosoph Walter Benjamin (geboren 1892 in Berlin, gestorben 1940 in Port Bou). Er stammte aus einer wohlhabenden jüdischen Familie, bewegte sich in den Zwanzigerjahren im Umkreis linker Theoretiker wie Theodor W. Adorno und Georg Lukács und war mit Bertolt Brecht befreundet. Seine Arbeit war vom Marxismus einerseits, von der jüdischen Theologie andererseits inspiriert – eine Mischung, die ihn aus Sicht der Nationalsozialisten eindeutig zum Gegner machte. Sein Bruder Georg, ein Arzt und kommunistischer Stadtverordneter, wurde gleich nach der NSDAP-Machtübernahme festgenommen und misshandelt; 1942 starb er im Konzentrationslager Mauthausen. Walter Benjamin gelang die Flucht nach Frankreich. In Paris schrieb er u. a. für die Zeitschrift des Frankfurter Instituts für Sozialforschung und verbrachte die meiste Zeit in der Bibliothèque Nationale, wo er an einer kulturwissenschaftlichen Studie über Paris im 19. Jahrhundert sowie an einem Buch über den Lyriker Charles Baudelaire arbeitete.

Anfang 1939 wurde Benjamin die deutsche Staatsbürgerschaft entzogen, er selbst mit Kriegsbeginn interniert. Französische Freunde setzten sich für seine Entlassung ein, sodass er nach einigen Monaten nach Paris zurückkehren konnte; von dort aus bemühte er sich um Ausreisegenehmigungen in die USA und Palästina. Kurz vor dem Einzug der deutschen Truppen nach Paris im Sommer 1940 fuhr Benjamin nach Lourdes und von dort weiter nach Marseille, wo ihn ein amerikanisches Visum erwartete, das Max Horkheimer besorgt hatte. Allerdings fehlte ihm das französische Ausreisevisum, und so begab er sich, obwohl er schwer herzkrank war, Ende September 1940 unter Führung von Lisa Fittko (geboren 1909 in Uzhgorod, Ukraine, gestorben 2005 in Chicago) gemeinsam mit einigen anderen deutschen Flüchtlingen auf den illegalen Weg über die Pyrenäen. Als er in Port Bou, dem spanischen Grenzort, ankam, verweigerten ihm die Behörden die Einreise. Benjamin fürchtete, von den Franzosen erneut interniert oder an die Gestapo ausgeliefert zu werden. Damit bestätigte sich seine pessimistische Empfindung, die er kurze Zeit zuvor in einem Brief an Theodor W. Adorno beschrieben hatte:

> Die völlige Ungewissheit über das, was der nächste Tag, was die nächste Stunde bringt, beherrscht seit vielen Wochen meine Existenz. Ich bin verurteilt [,] jede Zeitung [...] wie eine an mich ergangene Zustellung zu lesen und aus jeder Radiosendung die Stimme des Unglücksboten herauszuhören.[21]

Um der erzwungenen Rückkehr nach Frankreich bzw. Deutschland zu entgehen, nahm sich Benjamin in einem Hotelzimmer in Port Bou am Abend des 26. September 1940 mit einer Überdosis Schlaftabletten das Leben. Er wurde auf dem Friedhof des Grenzorts begraben, in dem heute ein Denkmal an ihn erinnert.

Irrfahrten

Auch jene Flüchtlinge, die mehr Glück hatten und einen Platz auf einem Schiff ergatterten, konnten sich noch nicht in Sicherheit wägen. Immer mussten sie damit rechnen, am Ziel der Reise nicht an Land gelassen oder gar zurückgeschickt zu werden. Dies war das Schicksal jener fast tausend Flüchtlinge, die sich an Bord der S.S. St. Louis befanden, die im Mai 1939 von Hamburg nach Kuba fuhr; einige von ihnen waren erst kurz zuvor aus deutschen Konzentrationslagern entlassen worden. Als das Schiff im Hafen von Havanna ankam, verweigerte die kubanische Regierung fast allen Emigranten die Einreise. Aus Verzweiflung versuchten sich einige von ihnen das Leben zu nehmen. Der spätere Arzt und Forscher Arno Motulsky (geboren 1924 im damaligen Fischhausen, Ostpreußen) war als Fünfzehnjähriger mit seiner Mutter und zwei Geschwistern auf dem Schiff; er empfand die Situation in erster Linie als Abenteuer. Sein Vater war bereits 1938 nach Kuba geflohen und wartete im Hafen von Havanna auf seine Familie. Als das Schiff vor dem Hafen ankerte, mietete er ein Motorboot und fuhr zur St. Louis hinaus, konnte seine Frau und Kinder aber nur aus der Distanz sehen. Schließlich musste er beobachten, wie das Schiff nach einigen Tagen den kubanischen Hafen wieder verließ und Kurs auf Florida nahm. Die Bemühungen einer jüdischen Organisation, eine amerikanische Einreisegenehmigung für die Flüchtlinge zu erwirken, scheiterten, und so musste das Schiff nach Europa zurückkehren – eine schreckliche Vorstellung besonders für jene, die gerade erst der Lagerhaft entkommen waren.

Die Motulskys fanden Zuflucht in Belgien; Arnos Vater gelangte in der Zwischenzeit nach Chicago und besorgte amerikanische Visa für die Familie. Doch bevor sie sich auf die Reise in die USA machen konnte, marschierten die Deutschen in Belgien ein. Arno wurde in französischen Lagern interniert. Nach mehreren Monaten kam er in ein Lager in der Nähe von Marseille. Dort bemühte er sich beim amerikanischen Konsulat darum, sein inzwischen abgelaufenes Visum erneuern zu lassen. 1941 kam das Visum endlich an, und Arno machte sich auf den Weg nach Spanien, um von dort nach Lissabon zu gelangen, wo das Schiff nach New York abfuhr. Dort angekommen, fuhr er weiter nach Chicago, wo er seinen Vater wieder traf. Arnos Mutter und Geschwister hatten weniger Glück. In Brüssel erhielten sie einen Bescheid, dass sie „in den Osten umgesiedelt“ würden, was mit hoher Wahrscheinlichkeit ihren Tod bedeutet hätte. Es gelang ihnen mit Hilfe belgischer Freunde, in die Schweiz zu flüchten, wo sie den Krieg in Internierungslagern überlebten. Erst 1946 erfuhren Arno und sein Vater, dass ihre Familie am Leben war.[22]

Die Erfahrung des Exils

Waren die Flüchtlinge an ihrem Exilort angekommen, mussten sie meist ganz von vorn beginnen: Eine Wohnung und Arbeit ergattern, eine neue Sprache lernen und sich in einer fremden Kultur zurechtfinden. Einigen bot das Gastland unerhoffte Möglichkeiten, andere fühlten sich von den harten Bedingungen überfordert. Exilantengruppen boten oftmals eine Art Heimatersatz und schufen ein willkommenes Betätigungsfeld.

Neue Heimat? Ankunft, (Ein)Leben und Identität in der Fremde

Für zahlreiche Flüchtlinge stellte die Reise trotz der häufig unangenehmen Bedingungen auf den Schiffen eine gewisse Erleichterung dar, weil sie eine kurze Pause von den alltäglichen Drangsalierungen und Konflikten mit Behörden hatten. Mit der Ankunft im Exilland kam meist eine neuerliche Welle an Herausforderungen auf sie zu. Wer Familie, Freunde oder Bekannte im neuen Land hatte, befand sich in einer vergleichsweise vorteilhaften Situation. Diejenigen, denen entsprechende Kontakte fehlten, waren auf sich gestellt, wenn es darum ging, eine Wohnung und Arbeit zu finden. Häufig reichten die mitgebrachten Ersparnisse nur für kurze Zeit. Dann mussten die Exilanten tendenziell schlecht bezahlte Tätigkeiten annehmen, in provisorischen Unterkünften wohnen und ihren verbliebenen Besitz verkaufen. Für Überlegungen, wie es langfristig weitergehen sollte, blieb dabei wenig Raum. Somit war die Phase der Ankunft im Exil häufig eine Zeit der Improvisationen, die hohe Anforderungen an jeden einzelnen stellte. Hans Rosenberg, ein Historiker, der Ende der Dreißigerjahre in die USA geflohen war und vergleichsweise gute Startbedingungen vorfand, beschrieb die Situation so:

> Die Umstellung auf eine mir noch wenig vertraute Sprache, eine sehr komplexe politische Kultur, eine vielfach andersgeartete gesellschaftliche Wertewelt und zwanglosere Lebensart als die gewohnte; die Einordnung in wesensverschiedene, für mich völlig fremdartige Lebensverhältnisse; der Aufbau einer neuen Existenz unter schwierigen

äußeren Bedingungen sowie ein ungewöhnlich hohes Maß an weitgespannten Lehrverpflichtungen und akademischer Verwaltungsarbeit – all das und noch vieles andere […] nahmen meine ganze Kraft in Anspruch.[1]

Wenn schon das Einleben in einem Land wie den Vereinigten Staaten aufreibend war, bedeutete das Exil in Süd- und Lateinamerika, Afrika und Asien häufig die Konfrontation mit einer ganz und gar unverständlichen Umgebung – angefangen von der Sprache über das öffentliche Auftreten, das Verhandeln mit Behörden und die Lebensqualität, die durch schwache Infrastrukturen und ungewohnte klimatische Verhältnisse beeinträchtigt war. Allerdings ergaben sich aus dem Versuch der Exilanten, die eigenen Lebensbedingungen zu verbessern, häufig Möglichkeiten, den Lebensunterhalt zu verdienen oder zumindest aufzubessern. So fingen viele an, jene Lebensmittel und Bedarfsgüter herzustellen, die in den Exilländern nicht zu bekommen waren – anfangs für sich und die lokale Exilgemeinde, dann in zunehmendem Maße für einen Kundenkreis, der über die Flüchtlinge hinausreichte. Meist begannen Familien mit Heimarbeit und vergrößerten sich dann allmählich. Einige schlossen sich mit anderen Exilanten zusammen und eröffneten deutsche Bäckereien und Cafés, Metzgereien, kleine Handwerksbetriebe usw., die im Laufe der Jahre oftmals zu gut gehenden Unternehmen heranwuchsen und bald fester Bestandteil der lokalen oder regionalen Wirtschaft waren.

Abgesehen vom wirtschaftlichen Überleben bedeutete die Ankunft der Flüchtlinge im Exilland auch eine Herausforderung an die bisherige, individuelle wie kollektive Identität. Viele derjenigen, die aufgrund ihrer Kategorisierung als „jüdisch" aus Europa geflohen waren, wurden im Gastland plötzlich in erster Linie als Juden und nicht als Deutsche oder Österreicher wahrgenommen – so etwa die Kronheims aus Berlin-Halensee. Die vierköpfige Familie – Käthe, ihr Ehemann Heinz, ein Uhrmacher, und die elf- und achtjährigen Kinder Anna und Ernst – floh 1938 nach Shanghai. Zuvor war Heinz Kronheim im Zuge des Novemberpogroms verhaftet, im Konzentrations-

Emigranten in einem Auffanglager im Stadtteil Hongkou in Shanghai, 1939

lager Buchenwald inhaftiert und nur unter der Auflage entlassen worden, Deutschland sofort zu verlassen. In Shanghai wurde die Familie vom Jüdischen Hilfskomitee mit den Worten empfangen „Willkommen in Shanghai. Jetzt sind Sie nicht mehr Deutsche und Österreicher. Jetzt sind Sie nur noch Juden.“[2]

Doch die Kronheims, die aus Ostpreußen nach Berlin gezogen waren, verstanden sich gar nicht als Juden. Ihre Kinder hatten am christlichen Religionsunterricht teilgenommen, und die jüdischen Feiertage hatte die Familie nur unregelmäßig gefeiert. In Shanghai hatten sie jedoch fast nur zu der jüdischen Gemeinde Kontakt, die sie mit Geld und anderen Dingen unterstützte. Allerdings versuchten die Kronheims so schnell wie möglich von fremder Hilfe unabhängig zu werden und verließen das Auffanglager des Hilfskomitees. Sie hofften, auf Dauer nicht in Shanghai bleiben zu müssen, das ihnen allzu andersartig erschien.

Die wenigsten Exilanten waren vor ihrer Flucht über die europäischen Grenzen hinaus gereist. Selbst jene, die zuvor im Ausland gewesen waren oder sich intellektuell von Deutschland distanziert hatten, mussten feststellen, welchen gravierenden Einfluss der Verlust der Heimat auf das eigene Empfinden haben konnte. Der nach Brasilien geflohene Schriftsteller Stefan Zweig (geboren 1881 in Wien, gestorben 1942 in Pétropolis bei Rio de Janeiro) gestand ein, dass „seit dem Tage, da ich mit eigentlich fremden Papieren oder Pässen leben musste, ich mich nie mehr ganz als mit mir zusammengehörig empfand. Etwas von der natürlichen Identität mit meinem ursprünglichen und eigentlichen Ich blieb für immer zerstört. [...] Es hat mir nicht geholfen, dass ich fast durch ein halbes Jahrhundert mein Herz erzogen, weltbürgerlich als das eines ‚citoyen du monde' zu schlagen. Nein, am Tage, da ich meinen Pass verlor, entdeckte ich mit 58 Jahren, dass man mit seiner Heimat mehr verliert als einen Fleck umgrenzter Erde.“[3] Dieses Gefühl der Entwurzelung teilten viele Exilanten. Bei Zweig kamen die Verzweiflung über Europas Entwicklung und persönliche Probleme hinzu; zusammen mit seiner Frau beging er im Februar 1942 Selbstmord.

Stefan Zweig

Stefan Zweig, der aus einer österreichischen Industriellenfamilie stammte, studierte in Wien Romanistik und Germanistik und begann früh zu schreiben, stark beeinflusst von Hugo von Hofmannsthal. Der Erste Weltkrieg machte den weitgereisten Zweig zum Pazifisten. Er veröffentlichte zahlreiche Novellen, bis er, als nomineller Jude, 1934 ins Londoner Exil ging. 1940 nahm er die britische Staatsbürgerschaft an und übersiedelte im selben Jahr nach Brasilien. Dort entstand seine berühmte *Schachnovelle*, die sich als Plädoyer für einen bürgerlichen Humanismus lesen lässt. Allerdings verstand sich Zweig als ganz und gar „unpolitischer" Schriftsteller.

In einer neuen Welt – Eingewöhnung und Integration

Die Frage, inwieweit sich die Exilanten in die Gastgesellschaft integrieren konnten oder wollten, lässt sich nicht übergreifend beantworten; dazu waren die Erfahrungen und Bedingungen zu unterschiedlich. Grundsätzlich waren einige Exilanten offener als andere für die neue Kultur, einige geschickter, pragmatischer oder neugieriger als andere. In der Erinnerung des Politikwissenschaftlers Ossip K. Flechtheim (geboren 1909 in Nikolajew, Ukraine, gestorben 1998 in Berlin), der nach seiner Flucht in die USA eine Stelle an der Atlanta University erhielt, dominierte die positive Wahrnehmung: Er bezeichnete seine Zeit in den Vereinigten Staaten als „eine Periode reich an Erfahrungen; dieses Amerika mit seiner […] ungeheuren Vielfalt, dieser Offenheit, der Art und Weise, wie manche Dinge ins Rollen kommen". Ein Bekannter meinte zu erkennen, dass sich Flechtheim durch den Aufenthalt in den USA grundlegend verändert habe: „Vom gänzlich introvertierten, verschlossenen ungeselligen Menschen" sei Flechtheim „zu einem welt- und menschen-offenen, menschliche Beziehungen suchenden, kommunikationsfähigen Menschen" geworden.[4]

Erika Mann in den frühen Vierzigerjahren

Erika Mann war ähnlich begeistert von den USA:

> Ich liebe Amerika. [...] Ich habe so viele Freunde hier. Zum ersten Mal seit der Flucht aus Deutschland bin ich irgendwo beinah zu Hause.[5]

Zwar hatte sie es nicht geschafft, ihr Kabarett in den USA weiterzuführen, wie sie gehofft hatte. Die ersten New Yorker Auftritte der „Pfeffermühle“ mit einem englischsprachigen Programm im Januar 1937 waren ein grandioser Misserfolg, denn die sprachlichen Differenzen waren zu groß und die politischen Anspielungen zu subtil für ein Publikum, das die Lage in Europa meist nur aus zweiter Hand kannte; außerdem war die deutsche bzw. europäische Tradition des politischen Kabaretts in den USA weitgehend unbekannt. Damit endete Erika Manns Karriere als Kabarettistin, aber es gelang ihr, auf anderen Gebieten Fuß zu fassen. Sie arbeitete für internationale Zeitungen und Zeitschriften, verfasste im Auftrag der britischen Regierung Sendungen für die BBC und schrieb Kinderbücher und Dokumentationen.

Ihr erfolgreichstes Buch war *Zehn Millionen Kinder*, das 1938 gleichzeitig auf Deutsch und Englisch (*School for Barbarians*) erschien. Darin beschrieb sie, wie das NS-Regime die deutschen Kinder indoktrinierte und die Erziehung und Bildung ganz an seinen ideologischen Vorgaben ausrichtete. Das Buch wurde sofort ein Bestseller, seine Autorin auf diese Weise eine der begehrtesten und bestbezahlten Rednerinnen in den USA. Vor großem Publikum sprach sie an amerikanischen Universitäten, Vereinen, Gewerkschaften und Exilorganisationen über die politischen und kulturellen Entwicklungen in Deutschland. Zugleich führte sie ihre Tätigkeit als Reporterin fort: Sie berichtete über den Spanischen Bürgerkrieg, später über die deutschen Luftangriffe auf England und, seit 1943 im Auftrag der US-Armee, über den Zweiten Weltkrieg. All diese Aktivitäten brachten sie in engen Austauschkontakt mit amerikanischen Intellektuellen, Politikern und Künstlern und halfen ihr, sich in den USA zu Hause zu fühlen.[6]

Für andere, die weniger prominent waren und weniger prestigereichen Berufen nachgingen bzw. nachgehen mussten, nicht so kosmopolitisch, sprachgewandt und selbstbewusst waren wie Erika Mann, blieb das Exilland lange Zeit fremd.

Exilgemeinden als Heimatersatz

Sich darum zu bemühen, Anschluss an die neue Gesellschaft zu finden, setzte voraus, dass die Emigranten voraussahen und akzeptierten, dass sie nicht nur für einige Monate, sondern für längere Zeit im Exil bleiben würden. Damit konnten sich vor allem ältere Exilanten nur schwer abfinden. Viele von ihnen lebten über Jahre hinweg ein ausgesprochen provisorisches Leben in Hotelzimmern oder untergemieteten Wohnungen und mit zusammengestückelten Möbeln. Ihre sozialen Kontakte beschränkten sich überwiegend auf die Exilgemeinden, und viele von ihnen lernten die jeweilige Landessprache nur bruchstückhaft. Viele der älteren Deutschen, die nach Palästina gingen, lebten dort ein relativ „deutsches" Leben. Sie wohnten nah beieinander und trafen sich mit den anderen „Jeckes", wie die deutschen Juden in Palästina genannt wurden, in Cafés, „die sie so sehr an die hinter ihnen gelassenen Kaffeehäuser Berlins, Münchens und Frankfurts erinnerten. Sie sprachen über die Reinheit der deutschen Sprache und achteten auf Pünktlichkeit, ordentliche Kleidung, gute Sahne und gute Manieren (in dieser Reihenfolge)"[7]. Es wäre jedoch zu kurz gegriffen, zu behaupten, diese Menschen hätten isoliert und rückwärtsgewandt versucht, ihr früheres Leben unverändert fortzusetzen; das würde unterstellen, dass man die eigene Kultur aufgeben muss, um sich der Mehrheitsgesellschaft anzupassen. Viele deutsche Exilanten in Palästina versuchten, ihre Ideen und Gewohnheiten zu pflegen und gleichzeitig Teil der in der Entstehung begriffenen israelischen Gesellschaft zu werden.

Das soll allerdings nicht darüber hinwegtäuschen, wie schmerzhaft die individuelle Erfahrung von Heimweh und Entwurzelung sein konnte. Umso wichtiger waren Kontakte zu Verwandten und Freunden, die entweder noch bzw. weiterhin in Deutschland lebten oder ebenfalls geflohen waren, auch wenn der Briefverkehr mit dem Krieg und der Zensur immer komplizierter wurde. Die in Palästina vorhandene Kaffeehauskultur fehlte vielen derjenigen Intellektuellen, die in die USA geflohen waren. Einige von ihnen teilten Vorurteile gegenüber der amerikanischen Massenkultur, und ihre Einsamkeit und Arbeitslosigkeit im Exil trug dazu bei, solche Vorstellungen zu verfestigen. Wie Alfred Döblin (geboren 1878 in Stettin, gestorben 1957 in Emmendingen) aus Kalifornien an einen Freund schrieb:

> [I]ch sitze hier in einer Hollywood-Zweigstelle der Los Angeles public library und schmökere in Büchern und beschnüffle die Zeitschriften. Das ist [,] was man am Nachmittag statt eines Cafés hat. Ich pendele täglich von 3-5 mit beinah astronomischer Exaktheit hin und habe so ein bisschen meinen Tag komplettiert. Denn was soll man bloß in dieser Steppe mit Drugstores und Buden, die sich Häuser nennen, tun?[8]

Das Gefühl, nicht gebraucht und höchstens geduldet zu werden, konnte zu einer großen Belastung werden. Döblin, der im Exil nur ein Buch veröffentlichte und auf finanzielle Unterstützung von wohltätigen

Alfred Döblin

In der Weimarer Zeit arbeitete Alfred Döblin als Psychiater und Schriftsteller in Berlin. Nach einer expressionistischen Phase wurde er 1929 mit seinem Roman *Berlin Alexanderplatz*, einem der wichtigsten Werke des Realismus, berühmt. Einen Tag nach dem Reichstagsbrand floh er über Zürich nach Frankreich, 1940 weiter in die USA. Sein Sohn Wolfgang, der als Soldat in der französischen Armee kämpfte, beging auf der Flucht vor den Deutschen Selbstmord; davon erfuhr die Familie allerdings erst 1945. Nachdem Döblin schon 1912 aus der jüdischen Gemeinde ausgetreten war, konvertierten er und seine Familie 1941 zum Katholizismus – eine Entscheidung, die viele Mitexilanten als Affront empfanden, was Döblins soziale Isolation verstärkte.

Organisationen angewiesen war, meinte sogar, letztlich könne der Exilant nur wählen „zwischen der sichtbaren Zelle, die ihm sein Heimatland reserviert, und der unsichtbaren, mit der das Asylland aufwartet“.[9]

Die Wahrnehmung des Exils als Gefängnis kannten viele Flüchtlinge – eine verständliche Perspektive, aber auch eine, die es noch schwieriger machte, im Gastland Fuß zu fassen und über die Erschütterungen der Vertreibung und Flucht hinwegzukommen. Vor diesem Hintergrund hielten sich etliche Exilanten an der Hoffnung fest, möglichst bald den Zusammenbruch des NS-Regimes zu erleben und damit den Ausnahmezustand des eigenen Lebens zu beenden. Der Schriftsteller René Schickele (geboren 1883 in Obernai, Elsass, gestorben 1940 in Vence, Südfrankreich) schrieb dazu:

> Was mich aufrecht hält, ist die Zuversicht, das schäbigste aller Raubtiere, den preußischen Adler, im Hühnerstall wiederzusehn, so gerupft, so zahm, dass er Schalom [sic] Asch aus der Hand frisst.[10]

Allerdings starb Schickele 1940 und konnte das Ende des Nationalsozialismus nicht mehr erleben.

Clubs, Vereine und Zirkel

Eine Möglichkeit, mit der Fremdheit im Exil umzugehen, war das gesellschaftliche Engagement, das sich oft in Exilantenkreisen abspielte. Es entstanden Hunderte von Clubs, Vereinen und Zirkeln, die sich karitativen, sozialen, kulturellen, wissenschaftlichen und politischen Anliegen widmeten. Senioren, Kinder, Jugendliche und Frauen hatten ihre eigenen Gruppen, ebenso Exilanten aus bestimmten Regionen des Herkunftslandes und unterschiedlicher religiöser und politischer Überzeugungen. In London entstand beispielsweise die Freie Deutsche Hochschule (FDH), ein Ableger des Freien Deutschen Kulturbundes, einer 1939 gegründeten, linksgerichteten Einrichtung, in der prominente Exilanten wie Alfred Kerr (geboren 1867 in Wrocław, gestorben

1948 in Hamburg) und Oskar Kokoschka (geboren 1886 in Pöchlarn, Niederösterreich, gestorben 1980 in Montreux am Genfer See) aktiv waren. Der Kulturbund hatte eine wissenschaftliche Sektion, aus der 1942 die FDH hervorging. Finanziert wurde sie über Mitgliedsbeiträge und Spenden.

In enger Zusammenarbeit mit der britischen Association of Scientific Workers, die sich für emigrierte Wissenschaftler einsetzte, formulierte die Freie Deutsche Hochschule vier Ziele: Sie wollte erstens die Tradition der deutschsprachigen Wissenschaft über den Nationalsozialismus hinweg aufrechterhalten und zweitens die Kontakte und Kooperation zwischen britischen und deutschsprachigen Wissenschaftlern verbessern. Weiterhin sollte das im Exil versammelte Wissen zur wissenschaftlichen und politischen Bildung der jugendlichen Exilanten genutzt werden, die später am Neuaufbau Deutschlands mitwirken sollten. Viertens schließlich wollte die FDH dazu beitragen, die westliche Öffentlichkeit über den deutschen Faschismus zu informieren. Hinter der kommunistisch beeinflussten Arbeit stand also auch das Bemühen, vom Exil aus einen Beitrag zum Kampf gegen den Nationalsozialismus zu leisten. Zu diesem Zweck hielt die FDH ähnlich wie eine Volkshochschule Kurse für Sprachen, Kultur, Politik und Sport ab und organisierte Konferenzen zur Situation und Zukunft der deutschen Kultur. Gegen Ende des Krieges fanden vermehrt Kurse statt, die den Exilanten praktische Kenntnisse beim Neuaufbau der deutschen Kultureinrichtungen und bei der „Umerziehung" der Deutschen vermitteln sollten. Tatsächlich gingen nach Kriegsende viele Exilanten in die sowjetische Zone und beteiligten sich dort an der sozialistischen Kultur- und Bildungspolitik. Andere blieben in Großbritannien und führten die Kulturarbeit des Freien Deutschen Kulturbundes, der sich 1946 aufgelöst hatte, in Form des Heinrich-Heine-Bundes fort.[11]

Andere Einrichtungen konzentrierten sich mehr darauf, den Zusammenhalt der Exilanten zu gewährleisten, ihnen Gelegenheit zu geben, ihre Traditionen zu pflegen und sich in der neuen Gesellschaft zu orientieren. Dies war vor allem in den außereuropäischen, nichtwestlichen Exilländern der Fall, u. a. in Ecuador: Insgesamt kamen ungefähr 4000 Personen nach Ecuador, die meisten von ihnen zwischen 1938 und 1939. Viele von ihnen ließen sich in der Hauptstadt Quito nieder, wo sie kleine Geschäfte und Handwerksunternehmen eröffneten. Ihre Kontakte zu den Einheimischen waren sehr begrenzt. Das hatte zum einen damit zu tun, dass letztere die Flüchtlinge als *gringos* betrachteten, die unter privilegierten Bedingungen in großer Distanz zur Mehrheit der Bevölkerung lebten. Zum anderen hatten viele Exilanten Vorbehalte gegenüber den vermeintlich „primitiven" Einheimischen, denen sie sich kulturell überlegen fühlten. Eine umso wichtigere Rolle spielten die Verbindungen innerhalb der Exilgruppen.

In Quito entstand schon 1938 eine jüdische Gemeinde, die Asociación de Beneficencia Israelita, die sich um das religiöse, soziale, kulturelle und gesundheitliche Wohl der Exilanten kümmerte und zahlreiche Unterorganisationen – Jugendgruppen, eine Beerdigungsvereinigung, ein Schiedsgericht usw. – beherbergte. Innerhalb der Aktivitäten der Gemeinde nahm die Pflege der deutschen Kultur eine prominente Stelle ein. Wie auch in kleineren Städten Ecuadors, in denen sich Flüchtlinge niedergelassen hatten, führten Theatergruppen bekannte deutschsprachige Stücke auf und spielten Kabarett. Darüber hinaus gab die Gemeinde eine Zeitschrift, die *Informaciones para los Inmigrantes Israelitas*, heraus, die über Entwicklungen innerhalb der Gemeinde berichtete, die Leserschaft mit dem Land vertraut zu machen versuchte, zionistische Standpunkte verbreitete und Auskunft über politische Ereignisse in Ecuador und in der Welt gab. Seit 1942 war in der Zeitschrift über die Ermordung von Millionen Juden in deutschen Vernichtungslagern in Osteuropa zu lesen. Solche Nachrichten bewegten einige dazu, sich zu politischen Gruppierungen zusammenzuschließen, um ihren Teil zum Widerstand gegen das NS-Regime zu leisten und den Einfluss der nationalsozialistischen Vereine, die es in Ecuador auch gab, zu bremsen.

Eine dieser antifaschistischen Gruppen war das Movimento Alemán Pro Democracia y Libertad Ecuador, das rund 240 Mitglieder hatte. Allerdings beeinträchtigten politische Differenzen zwischen seinen Mitgliedern die Effizienz der Arbeit. Auch der Zusammenhalt der Exilantengemeinde insgesamt war immer wieder durch Konflikte gefährdet. Zwar wurde nach außen hin stets betont, die deutschsprachigen Flüchtlinge seien eine große Familie, doch selbstverständlich kam es zu Meinungsverschiedenheiten und Streitigkeiten zwischen Menschen, die so unfreiwillig auf engem Raum zusammenlebten, wie sie ihre Heimat verlassen hatten.[12]

Sofern es ihnen wirtschaftlich und psychologisch möglich war, grenzten sich einige Exilanten explizit von den zahlreichen Gruppierungen ab. Der sozialdemokratische Soziologe und Gewerkschafter Fritz Croner (geboren 1896 in Berlin, gestorben 1979 in Stockholm), der 1934 nach Schweden emigrierte, schrieb darüber:

> Wir hielten ganz bewusst wenig Kontakt mit der recht großen deutschen Emigrantenkolonie in Stockholm. Wir wollten nichts anderes als so schnell wie möglich ins schwedische Leben hineinwachsen, und es wurde mir bald klar, dass es nahezu unmöglich war, wenn man versuchte, auf zwei Beinen gleichzeitig zu stehen, sozusagen auf einem alten deutschen und einem neuen schwedischen.[13]

Croner hatte Schweden als Exilland gewählt, weil er dessen politische Struktur vorbildlich fand. Aus diesem Grund war seine Bereitschaft, sich in die schwedische Gesellschaft zu integrieren, verständlicherweise weit größer als die vieler Flüchtlinge, die Schweden keine speziellen Sympathien entgegenbrachten, sondern einfach froh waren, den Nationalsozialisten entkommen zu sein.

Arbeit und Beruf – Professioneller Abstieg und neue Chancen

Fritz Croner gelang es relativ rasch, in Schweden Fuß zu fassen, doch die Mehrzahl der Exilanten war zumindest zeitweise vom Problem der Arbeitslosigkeit und wirtschaftlichen Unsicherheit geplagt. Die Geschichte der vierköpfigen Familie Blumenthal aus Oranienburg bei Berlin ist ein Beispiel dafür, wie mühsam das Überleben im Exil sein konnte. Nachdem Ewald Blumenthal, ein Kaufmann, 1939 enteignet und interniert worden war, floh die Familie von Berlin nach Neapel und von dort mit einem japanischen Schiff über Indien, Singapur, Hongkong und Taiwan nach Shanghai. Die meisten Flüchtlinge, die aus Deutschland nach Shanghai kamen, wurden von den verschiedenen Hilfskomitees in Hongkou untergebracht, dem chinesischen Stadtteil, der durch den japanisch-chinesischen Krieg zum Teil zerstört war. Anders die Blumenthals: Ihnen gelang es, ein Zimmer im sogenannten International Settlement zu bekommen, in dem die westlichen Ausländer lebten. Die ältere Tochter nahm eine Stelle als Kindermädchen bei einer portugiesischen Diplomatenfamilie an, bei der sie auch wohnte; ihr jüngerer Bruder, Michael, lebte bei den Eltern.

Während das Ehepaar Blumenthal unter dem tropischen Klima, dem Lärm und Gedränge, der Armut und Unüberschaubarkeit der Millionenstadt Shanghai litt, empfand Michael die neue Umgebung als aufregend. Er hielt sich auf den Straßen auf, lernte die Rikscha-Fahrer kennen, freundete sich mit anderen ausländischen Kindern an und trat den internationalen Pfadfindern bei – eine besondere Genugtuung, da er in Berlin nicht Mitglied der Hitlerjugend hatte werden dürfen, und nun endlich doch eine Uniform bekam. Zur Schule ging er auf die Shanghai Jewish School, die von sephardischen Juden finanziert und auf Englisch abgehalten wurde. Unterdessen versuchte seine Mutter, die gut nähen konnte, ihre Fähigkeiten zu nutzen, um den Familienunterhalt zu sichern. Sie kaufte auf Kommission Stoffe von einem jüdischen Händler und fuhr damit zu den russischen Modegeschäften, in denen die reichen westlichen Damen einkauften. Ihr Ehemann versuchte sich mit anderen Emigranten selbstständig zu machen, scheiterte jedoch nach kurzer Zeit. Beide hatten kaum Kontakt zu den Chinesen und lernten nur bruchstückhaft Englisch; wie die anderen Exilanten planten auch sie, die vermeintliche Durchgangsstation Shanghai so bald wie möglich zu verlassen. Der japanische Angriff auf Pearl Harbor im Dezember 1941 machte ihre Hoffnungen vorerst zunichte: Die Japaner marschierten in die Stadt ein und besetzten sie; die westlichen Ausländer galten nun als Feinde, Nahrungsmittel und Geld wurden knapp. Michael Blumenthal verließ mit sechzehn Jahren die Schule, um als Laufbursche zum Familieneinkommen beizutragen.

Im Februar 1943 ordneten die Japaner an, dass alle jüdischen Flüchtlinge in das chinesische Viertel der Stadt ziehen mussten; dort entstand faktisch ein Ghetto mit 18 000 Bewohnern, unter ihnen die Blumenthals. Mit vielen anderen bemühte sich Michael um eine Genehmigung von den japanischen Behörden, um außerhalb des Ghettos Geld verdienen zu können. Die Niederlage Japans gegen die Alliierten im August 1945 bedeutete auch das Ende der Internierung, und die Blumenthals hofften, nun so bald wie möglich in die USA ausreisen zu können. Bis dies gelang, vergingen allerdings noch zwei Jahre, denn die Familie galt als staatenlos und hatte kein Geld. Als die Vereinigten Staaten 1947 eine neue Visumsklasse einführten, konnten die Blumenthals schließlich Shanghai verlassen.[14]

Prüfungen

Jene Exilanten, die hoch qualifiziert waren, hatten zum Teil bessere Aussichten, Stellen zu finden, die jenen ähnelten, die sie zu Hause gehabt hatten, aber auch hier gab es viele Fälle des professionellen Abstiegs. Im Exil gefragt waren praktische Fähigkeiten, die vielen Akademikern fehlten. Vor allem zionistische Organisationen bemühten sich deshalb darum, Flüchtlingen handwerkliche Kenntnisse zu vermitteln, damit sie ihre Chancen auf Visa verbesserten und im Exil ein Auskommen fänden. Dies war auch deshalb nötig, weil Berufsabschlüsse und Zeugnisse oft nicht anerkannt wurden. Ärzte und Rechtsanwälte konnten trotz jahrelanger Erfahrung und beruflicher Erfolge nicht weiter praktizieren, weil ihre Ausbildung nicht den staatlichen Regelungen der Asylländer entsprach. Die bereits erwähnte Berliner Ärztin Hertha Nathorff steht exemplarisch für diese Erfahrung, die zugleich in vielem ein weibliches Schicksal war.

In New York nahm Hertha Nathorff eine Stelle als Haushälterin und Pflegerin an, um es ihrem Mann zu ermöglichen, die amerikanischen Medizinalexamina zu machen, damit er als Arzt zugelassen würde. Nebenher hielt sie im New World Club, einem Selbsthilfeverein jüdischer Emigranten, Kurse in Kranken- und Kinderpflege ab und organisierte Kulturveranstaltungen. Ihr Mann eröffnete eine Praxis, in der sie als Assistentin mitarbeitete, aber die finanziellen Verhältnisse blieben schwierig, sodass sie weiterhin Gelegenheitsjobs annehmen

Hertha Nathorff

Hertha Nathorff (geboren 1895 in Laupheim, gestorben 1993 in New York City), eine Nichte Albert Einsteins, machte eine für die damalige Zeit ungewöhnliche Karriere. Sie legte das Abitur an einem humanistischen Gymnasium ab, studierte Medizin und wurde schließlich Leiterin der Frauen- und Kinderklinik am Berliner Rot-Kreuz-Krankenhaus; außerdem übernahm sie führende Funktionen in Ärztevereinen. Sie heiratete Erich Nathorff (geboren 1889 in Berlin, gestorben 1954 in New York City), einen Oberarzt; das Ehepaar – beide waren jüdisch – verkörperte beruflichen Erfolg und moderne Bürgerlichkeit. 1933 dachte Hertha Nathorff erstmals daran, Deutschland zu verlassen, doch ihr Mann wollte abwarten. Erst 1940 gelangte die Familie in die USA.

musste. Um selbstständig praktizieren zu können, wollte sie ebenfalls die amerikanischen Examina machen und studierte heimlich nebenher; eines Tages brach sie jedoch vor Erschöpfung zusammen, woraufhin ihr Mann ihr verbot, das Studium fortzusetzen. 1944 machte sie noch einmal einen Versuch, ihre Karriere wiederaufzunehmen: Sie bat eine jüdische Stiftung um finanzielle Unterstützung, um die nötigen Auffrischungskurse belegen zu können, doch ihr Antrag wurde abgewiesen. An vielen Krankenhäusern in den USA waren weibliche Ärztinnen nicht gern gesehen, weil sie angeblich den Männern die Stellen wegnahmen. So konzentrierte sich Hertha Nathorff darauf, Zeitungs- und Zeitschriftenartikel zu schreiben, die sich mit der Situation der Exilanten beschäftigten. Außerdem verfasste sie eine Kolumne zu medizinischen und psychologischen Themen und moderierte ein ähnliches deutschsprachiges Radioprogramm. Auf diesem Gebiet war sie sehr erfolgreich und gelangte zu großer Bekanntheit. 1954 starb ihr Mann unerwartet. Um für sich und ihren Sohn aufzukommen, musste Hertha Nathorff nun wieder voll verdienen. Also übernahm sie Aufträge des berühmten Adler-Instituts für Psychotherapie, nachdem sie für dieses Feld eine amerikanische Zulassung erworben hatte. Nebenher publizierte sie Gedichte und Essays.

Hertha Nathorffs Lebenslauf macht deutlich, wie kräftezehrend der Neuanfang im Exil sein konnte. Der Anteil der Frauen an der Emigration von Medizinern betrug zwölf Prozent, doch nur etwa ein Drittel von ihnen konnte im Exil in ihrem alten Beruf weiterarbeiten. Die Psychotherapie bot hier bessere Chancen, weil sie zu jener Zeit noch weniger etabliert war.[15] Zugleich ist Hertha Nathorffs Geschichte ein eindrucksvolles Beispiel dafür, wie viel Flexibilität Frauen bewiesen, die für ihre Familien sorgten, während es ihnen gleichzeitig gelang, eigene Nischen zu erobern und soziale und berufliche Anerkennung zu erlangen. Voraussetzung dafür war, dass sie die neue Sprache ausreichend beherrschten, Tätigkeiten annahmen, für die sie überqualifiziert waren oder, im Fall vieler bürgerlicher Frauen, überhaupt erstmals außerhalb des eigenen Haushalts arbeiteten. Als Haushaltshilfen, Näherinnen und Kindermädchen wurden viele Frauen zu den Haupternährerinnen ihrer Familien. Wenn auch aus der Not entstanden, konnte diese Situation eine emanzipatorische Verschiebung der traditionellen Geschlechterrollen – der Mann als Familienoberhaupt, Entscheidungsträger und Ernährer, die Frau als Hausfrau und Mutter – bedeuten, die ohne das Exil nicht oder nur viel später zustande gekommen wäre. Etliche Männer gerieten durch die Auflösung der überkommenen Geschlechterordnung in eine Identitätskrise, die durch den beruflichen Statusverlust verschärft wurde. Hertha Nathorff schrieb über ihren Mann:

> [E]r kommt nicht los von dem Geheimratssohn, dem Geheimratsmilieu, sein Stolz, sein dummer Stolz, dass er der Ernährer der Familie sein müsste und künftig sein will, quält ihn, aber er quält auch mich.[16]

Solche Konflikte konnten eine zusätzliche Bürde in der ohnehin angespannten Situation des Exils bedeuten.

Hollywood-Karrieren

Diejenigen Flüchtlinge, die in ihren früheren Berufen weiterarbeiten konnten, waren nur bedingt besser gestellt. Der Theater- und Drehbuchautor Alfred Neumann (geboren 1895 in Lidzbark, Polen, gestorben 1952 in Lugano) erhielt wie viele andere Schriftsteller eine Anstellung in Hollywood. Aus Solidarität vergaben die großen Filmgesellschaften Warner Brothers und Metro-Goldwyn-Mayer solche Verträge, die Voraussetzung waren, um ein Visum zu erhalten. In Los Angeles konnte Neumann nicht an seine bisherigen Erfolge anknüpfen. Seine Stelle war ein reiner Broterwerb, der keine Zeit und Muße zur eigenen schriftstellerischen Arbeit ließ. Desillusioniert schrieb er 1941:

> [M]an ist zwar [...] als *writer* angestellt und wird dafür gezahlt: aber das, was man beruflich und vertraglich schreibt, wird nicht *gelesen*. Man hört und sieht nichts mehr von dem, was man abgeliefert hat

> – man hört und sieht überhaupt niemanden. Man sitzt seine Zeit ab, Tag für Tag, und arbeitet natürlich für sich; aber da ich wohl gerne hinter dem Schreibtisch sitze, hinter dem eigenen, und durch die Bürozeit und ihre stille Sinnlosigkeit irritiert bleibe, ist noch nicht allzu viel für die eigene Arbeit herausgekommen. Bei alledem bleibt natürlich der Blick kühl genug, um festzustellen, dass eine leerlaufende charity [wohltätige Arbeit] immer noch besser ist als gar keine.[17]

Selbst wenn ihre Texte gelesen wurden, hatten viele exilierte Schriftsteller das Gefühl, sich unter Wert zu verkaufen, noch dazu an eine kommerzielle Institution wie Hollywood, der gegenüber einige deutsche „Dichter und Denker“ Vorbehalte pflegten.

Anders als Neumann hatte der Drehbuchautor, Regisseur und Filmjournalist Billy Wilder in Hollywood bemerkenswerten Erfolg. Wilder (geboren als Samuel Wilder 1906 in Sucha, Galizien, gestorben 2002 in Los Angeles), der in Kraków und Wien aufgewachsen war, teilte die Amerikabegeisterung seiner Mutter; von ihr stammte sein Spitzname „Billie“. Als er nach einem abgebrochenen Jurastudium 1925 nach Berlin kam, gelang es ihm u.a. aufgrund seiner Kenntnisse über die USA, sich als Journalist zu etablieren. Gleichzeitig begann er, als *ghostwriter* Drehbücher zu schreiben. Von Wilder stammt das Buch für den berühmten Film *Menschen am Sonntag*, einer der letzten Stummfilme, die in Deutschland gedreht wurden; außerdem schrieb er das Skript für die Verfilmung von Erich Kästners *Emil und die Detektive*. Beruflich stellten die frühen Dreißigerjahre einen vorläufigen Höhepunkt seiner Karriere dar, doch die politischen Entwicklungen unterbrachen seine Arbeit in Deutschland. Wie zahlreiche Filmschaffende floh er aufgrund seiner jüdischen Herkunft 1933 nach Frankreich. Dort wie in den Niederlanden, Großbritannien und Ungarn war es bis Mitte bzw. Ende der Dreißigerjahre relativ einfach, Aufträge und Anstellungen der jeweiligen Filmindustrie zu erhalten. Doch letztlich gelang es nur den wenigsten, sich in den europäischen Exilländern richtig zu etablieren, sodass die meisten früher oder später nach Hollywood weiterreisten. So auch Billy Wilder, der Anfang 1934 in die USA ging, wo bereits sein Bruder lebte. Nicht all seinen Familienmitgliedern gelang die Flucht: Erst nach Ende des Krieges erfuhr Wilder, dass seine Mutter, sein Stiefvater und seine Großmutter in Auschwitz ermordet worden waren.

In Los Angeles hielt sich Wilder anfangs nur mit Mühe über Wasser. Eine Zeitlang teilte er sich ein Hotelzimmer mit dem bekannten österreichischen Schauspieler Peter Lorre (geboren 1904 im österreich-ungarischen Rózsahegy, gestorben 1964 in Los Angeles), der ebenfalls aus Europa geflohen war. Zwischendurch musste Wilder nach Mexiko ausreisen, weil sein amerikanisches Visum abgelaufen war; schließlich erhielt er ein dauerhaftes Visum, sodass er sich in Hollywood niederlassen konnte. Für die Filmgesellschaft Paramount schrieb er Skripte, von denen einige akzeptiert und viele abgelehnt wurden. Erst ab 1938 hatte er größere Erfolge. In Kooperation mit dem bekannten Drehbuchautor Charles Brackett schrieb er Skripte für Filme wie *Ninotchka* (mit Greta Garbo in der Hauptrolle) und *Hold Back the Dawn*, die Ernst Lubitsch (geboren 1892 in Berlin, gestorben 1947 in Los Angeles) verfilmte. Lubitsch war bereits in den Zwanzigerjahren aus Berlin

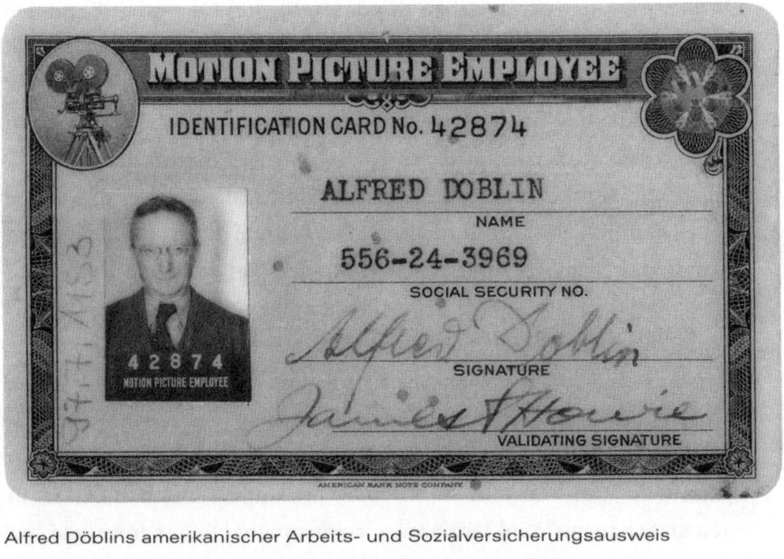

Alfred Döblins amerikanischer Arbeits- und Sozialversicherungsausweis

in die USA gekommen und hatte dort als Regisseur Berühmtheit erlangt. Anders als Lubitsch hatte Wilder vor seiner Zeit in Hollywood noch nie Regie geführt, doch diese Gelegenheit erhielt er Anfang der Vierzigerjahre. Sein erster „eigener" Film war die 1942 gedrehte, überaus erfolgreiche Komödie *The Major and the Minor*, gefolgt von *Five Graves to Cairo* (1943), der auf den Afrika-Feldzug unter General Erwin Rommel anspielte. Einen der größten Erfolge hatte Wilder als Regisseur mit *Double Indemnity* (1944), für den er mit dem Krimiautor Raymond Chandler zusammenarbeitete; der *film noir* mit Barbara Stanwyck in der Hauptrolle wurde für sieben Oskars nominiert. Deutschsprachige Exilanten – neben Wilder vor allem Fritz Lang (geboren 1890 in Wien, gestorben 1976 in Los Angeles) und Otto Preminger (geboren 1905 in Wien, gestorben 1986 in New York City) – beeinflussten den amerikanischen *film noir* ganz wesentlich. Sie verliehen dem Genre seine „dunkle Seite, eine pessimistische Sicht des modernen Großstadtlebens", die, so lässt sich vermuten, u.a. in der von Krieg und Wirtschaftskrisen geprägten „europäischen Weltanschauung" wurzelte.[18]

Neben seiner künstlerischen Begabung und seiner Fähigkeit, sich in unterschiedlichen Gesellschaften zurechtzufinden, profitierte Billy Wilder davon, dass zwischen der deutschen und der amerikanischen Filmindustrie bereits in den Zwanzigerjahren enge Kooperationsbeziehungen bestanden hatten. Aus diesem Grund konnten die Emigranten auf persönliche Kontakte und professionelle Erfahrungen zurückgreifen. Außerdem war den amerikanischen Filmfirmen daran gelegen, die Konkurrenz in Europa zu neutralisieren, und das gelang ihnen dadurch, dass sie die potenziellen Konkurrenten für sich gewannen. In den Dreißiger- und Vierzigerjahren expandierte Hollywood immer weiter, sodass – trotz kritischer Stimmen, die besagten, dass die Exilanten amerikanische Arbeitsplätze besetzten – auch für Flüchtlinge zahlreiche Positionen vorhanden waren. Die Qualität dieser Stellen schwankte jedoch. Etliche Filmexilanten mussten ihre Tätigkeit in Hollywood auf „europäische" Kostümfilme beschränken, weil ihr Akzent zu stark war und ihr Stil nicht den amerikanischen Erwartungen an Schauspiel und Dramaturgie entsprach. Dies änderte sich zeitweilig, als mit Kriegseintritt der USA eine große Zahl an Anti-Nazi-Filmen gedreht wurde, in denen „echte Deutsche" als SS-Offiziere, Gestapo-Agenten und Widerständler vorkamen.

Eines der berühmtesten Beispiele dafür ist Fritz Langs Film *Hangman Also Die* (1943), der den tschechoslowakischen Widerstand gegen die Nationalsozialisten behandelt. Das Attentat auf Reinhard Heydrich, den stellvertretenden Reichsprotektor des „Protektorats Böhmen und Mähren", im Mai 1942 stellte die historische Grundlage des Filmes dar. *Hangman Also Die* war ein Gemeinschaftswerk mehrerer in Hollywood versammelter Exilanten: Das Drehbuch schrieb Bertolt Brecht (geboren 1898 in Augsburg, gestorben 1956 in Ost-Berlin), die Filmmusik komponierte Hanns Eisler. Artur Guttmann, ein bekannter Wiener Dirigent und Komponist von Filmmusik, dirigierte das Orchester, und der österreichische Produzent Arnold Pressburger finanzierte den Film. Des authentischen Charakters halber übernahmen deutschsprachige jüdische Schauspieler die Rolle der Deutschen; die Tschechen – im Film die *good guys* – wurden von Amerikanern gespielt.

Wissenschaft und Forschung

Das Exil konnte etablierte Karrieren beenden oder ihnen neuen Aufschwung in eine andere Richtung geben; in einigen Fällen eröffnete es gänzlich unerwartete Berufschancen. Generell hatten Jugendliche bessere Chancen, Fuß zu fassen, weil sie ihre Ausbildung noch nicht oder nicht vollständig absolviert hatten und deshalb die Schulen des Gastlandes besuchten. Dies machte es für sie nicht nur einfacher, sich sozial und sprachlich einzufinden, sondern erleichterte auch die berufliche Integration, weil ihre Ausbildung den landesüblichen Anforderungen entsprach. Der bereits erwähnte Arno Motulsky, der als Jugendlicher von Hamburg über Havanna, Brüssel, Marseille und Spanien in die USA geflüchtet war, hatte Glück: Im Alter von zwanzig Jahren wurde er 1944 in die amerikanische Armee eingezogen. Dort wurde er für ein besonderes Programm ausgewählt, das ihm das Medizinstudium ermöglichte. Ohne noch am Krieg teilnehmen zu müssen, wurde Motulsky auf diese Weise Arzt. Er begann sich mit Hämatologie zu beschäftigen und wurde bald zu einem Spezialisten auf diesem Gebiet. 1957 machte er eine Entdeckung, mit der er zum Begründer der Pharmakogenomforschung wurde, der Forschung, die den Einfluss von Genen auf die Wirkung von Medikamenten untersucht.

Motulskys Vergangenheit als Verfolgter prägte sein professionelles und privates Leben. Als wissenschaftlicher Experte nahm er am Prozess gegen den berüchtigten Genetiker Josef Mengele teil, der in Auschwitz brutale Menschenversuche durchgeführt hatte. Auch im Alltag sei ihm sein Schicksal präsent, betonte Motulsky in einem Interview 2008: Immer, wenn ihm etwas Gutes passiere, denke er sich: „Das hätte ich fast nicht erlebt", und immer dann, wenn er Bilder von Flüchtlingslagern in Afrika sehe, denke er: „Das hätte ich sein können. Ich war einmal ein Flüchtling".[19]

Gegenüber jenen, die im Exil ganz neu anfangen mussten, profitierten viele geflohene Wissenschaftler von besseren Ausgangsbedingungen. Mehr noch als heute waren Wissenschaftler Teil der gesellschaftlichen Elite – ein Status, der ihnen zu Vorteilen verhalf, die sich ganz konkret auf die Umstände des Exils niederschlugen. Einige erhielten noch vor der Ausreise Angebote ausländischer Universitäten und Forschungsstellen oder befanden sich zum Zeitpunkt der nationalsozialistischen Machtübernahme zu Forschungszwecken im Ausland.

Dem Begründer der Allgemeinen Relativitätstheorie und Nobelpreisträger, Albert Einstein (geboren 1879 in Ulm, gestorben 1955 in Princeton), kam seine Weltberühmtheit eindeutig zugute. Als erklärter Pazifist und Demokrat, der sich in zahlreichen politischen Komitees und Organisationen (u. a. in der Deutschen Liga für Menschenrechte und der Internationalen Arbeiterhilfe) engagierte, gegen den italienischen Faschismus protestierte und sich für den Schutz der Menschenrechte einsetzte, war Einstein den Nationalsozialisten ein Dorn im Auge. Bereits in den Zwanzigerjahren wurde er zur Zielscheibe rechter Propaganda gegen die angeblich „jüdische Physik", der die vermeintlich überlegene „deutsche Physik" gegenübergestellt wurde.

Aus diesen Gründen war er im nationalsozialistischen Deutschland nicht mehr sicher, ganz abgesehen davon, dass er dem neuen Regime nicht mit seiner Anwesenheit zu scheinbarer Legitimation verhelfen wollte. Ende Januar 1933, als Hitler an die Macht kam, hielt sich Einstein gerade in den USA auf. Zum Zeichen seines Widerstandes legte er seine Ämter nieder und trat im März 1933 aus der Preußischen Akademie der Wissenschaften aus, die ihn aufgrund seines Judentums ohnehin ausgeschlossen hätte. Gleichzeitig veröffentlichte er eine Protesterklärung, in der er sich gegen „[d]ie Akte brutaler Gewalt und Bedrückung" aussprach, „die gerichtet sind gegen alle Leute freien Geistes und gegen die Juden". Weiterhin versicherte er die Gegner des NS-Regimes seiner Unterstützung und rief dazu auf, Europa „vor einem Rückfall in die Barbarei längst entschwundener Epochen zu bewahren".[20] In einem weiteren symbolischen Schritt beantragte Einstein wenige Tage später die Entlassung aus der deutschen Staatsbürgerschaft. Allerdings verzögerte sich die Bearbeitung, und ein Jahr darauf wurde Einstein zwangsweise ausgebürgert; er blieb Schweizer Staatsbürger und nahm 1940 zusätzlich die amerikanische Staatsbürgerschaft an.

Die Nationalsozialisten reagierten auf Einsteins Handeln mit Hetzkampagnen und Enteignung. Sein Haus in Caputh (bei Potsdam) und die Wohnung in Berlin wurden geplündert und beschlagnahmt. Am 10. Mai wurden Einsteins Schriften mit denen anderer „undeutscher" Schriftsteller und Wissenschaftler vor der Berliner Universität verbrannt. All diese Erfahrungen bestätigten Einstein in seiner Kritik an der deutschen Gesellschaft. Umso mehr stellten die USA eine Verheißung für ihn dar. „Sie werden sehen, wie wunderbar es sich hier lebt und arbeitet. Es ist ein großes Glück, hiersein zu dürfen. Ich beglückwünsche Sie", soll er einem jungen, aus Deutschland geflohenen Studenten gesagt haben, den er in den Vereinigten Staaten traf.[21] Einstein kappte die Kontakte zu seinen deutschen Kollegen und konzentrierte sich sowohl sozial als auch beruflich ganz auf die Vereinigten Staaten.

Von 1933 bis 1945 lehrte und forschte er am Institute for Advanced Study in Princeton. Parallel zu seiner wissenschaftlichen Arbeit setzte er sich für die Ausreise deutscher und österreichischer

Juden aus Europa ein, hielt Reden und Vorträge, um Gelder zur Unterstützung der Flüchtlinge zu sammeln, bemühte sich um die Freilassung des Friedensnobelpreisträgers Carl von Ossietzky aus dem Konzentrationslager und beteiligte sich an den politischen Aktivitäten verschiedener Exilorganisationen.

Mit Kriegsbeginn erhielt Einsteins wissenschaftliche Expertise weltpolitische Bedeutung: Amerikanische Wissenschaftler befürchteten, dass ihre deutschen Kollegen die kurz zuvor gelungene Spaltung von Uran dazu nutzen könnten, eine überaus zerstörerische Bombe zu entwickeln. Zusammen mit seinem Kollegen Leo Szilard forderte Einstein darum 1940 Präsident Roosevelt auf, den Deutschen zuvorzukommen. Die US-Regierung reagierte mit der Etablierung des „Manhattan Project", dessen Ergebnis die Atombomben waren, die über Hiroshima und Nagasaki abgeworfen wurden. Einstein, dessen Relativitätstheorie den Grundstein für die Atomspaltung gelegt hatte, war selbst nicht am Manhattan Project beteiligt. Vielmehr engagierte er sich im Emergency Committee of Atomic Scientists, um die Verbreitung von Atomwaffen auf internationaler ziviler Ebene zu kontrollieren. Zugleich wurde er im pazifistischen World Government Movement aktiv, das den Rüstungswettlauf zwischen Ost und West im Kalten Krieg stoppen und die ideologischen und machtpolitischen Differenzen überwinden wollte, und unterstützte die neugegründeten Vereinten Nationen. Das Angebot, Israels Präsidentschaft zu übernehmen, lehnte er allerdings 1952 ab.

Exil in der Türkei

Einsteins Karriere ist keineswegs typisch für die Erfahrungen der deutschsprachigen Exilanten, doch auch weniger berühmten Wissenschaftlern als dem Nobelpreisträger gelang es, Positionen an Forschungseinrichtungen und Universitäten bzw. als Experten und Berater zu erhalten. Für Natur- und Wirtschaftswissenschaftler, Mediziner, Ingenieure und Verwaltungswissenschaftler bot die Türkei besonders gute Bedingungen. Ministerpräsident Atatürk und die Republikanische

Volkspartei, deren Ziel es war, die Türkei in eine demokratische Industriegesellschaft zu verwandeln, hatten großes Interesse an den Kenntnissen und Fähigkeiten der deutschen Spezialisten. Jene wiederum gingen bereitwillig in die Türkei, weil die ihnen gebotenen Lebens- und Arbeitsbedingungen dort im Vergleich zu anderen Exilländern außerordentlich gut waren. Die besondere Situation der Türkei erlaubte es den Exilanten, großen Einfluss auf die Gestaltung der türkischen Wissenschaft, Politik und Verwaltung zu nehmen.

Der Wirtschafts- und Agrarwissenschaftler Fritz Baade (geboren 1893 in Neuruppin, gestorben 1974 in Kiel), ehemals Vertreter der SPD im Reichstag, beriet die Atatürk-Regierung in Fragen der Landwirtschafts- und Verwaltungsreform. Ernst Reuter (geboren 1889 in Apenrade, Dänemark, gestorben 1953 in Berlin) leitete die Ausbildung von Kommunalbeamten in Istanbul.[22]

Reuter hatte in den frühen Nachkriegsjahren Karriere in der KPD gemacht, deren Generalsekretär er 1921 wurde. Allerdings kam es nur ein Jahr später zum Bruch mit den Kommunisten, woraufhin er sich den Sozialdemokraten anschloss und als Redakteur beim *Vorwärts* arbeitete. 1926, als Stadtrat für Verkehr in Berlin, trieb Reuter die Gründung der Berliner Verkehrsbetriebe voran. 1931 wurde er zum Oberbürgermeister der Stadt Magdeburg gewählt. Er engagierte sich sozialpolitisch, um die Situation der Arbeiter zu verbessern, und arbeitete gleichzeitig (auch in seiner Eigenschaft als SPD-Abgeordneter im Reichstag) gegen den wachsenden Einfluss der Nationalsozialisten an. Nach deren Machtübernahme wurde er seiner Ämter gewaltsam enthoben.

Die Nationalsozialisten verhafteten ihn und andere führende Sozialdemokraten 1933, ließen Reuter kurzzeitig frei und nahmen ihn 1934 neuerlich fest. Seine Frau, Hanna Reuter, bemühte sich mit allen Mitteln um seine Freilassung aus dem Konzentrationslager. Sie setzte sich mit einer britischen Quäkerin in Verbindung, der es im September 1934 gelang, über einen prominenten Labour-Politiker Reuters Freilassung zu erwirken. Wiederum andere britische Freunde halfen Reuter Anfang 1935, eine Unterkunft in London zu finden; dorthin floh er, weil er in Deutschland damit rechnen musste, erneut verhaftet zu werden.

Ernst Reuter nach seiner Rückkehr aus dem türkischen Exil

Von England aus bemühte sich Reuter um eine Hochschulposition an der London School of Economics; gleichzeitig bat er seinen Parteifreund Fritz Baade um Hilfe, der bereits Ende 1934 in die Türkei geflohen war. Baade gelang es, Reuter eine Stelle als Sachbearbeiter für Tariffragen im türkischen Wirtschaftsministerium zu vermitteln, und so reiste der ehemalige Magdeburger Bürgermeister im Juni 1935 nach Ankara. Obwohl Reuter bis dahin keinerlei Verbindungen zur Türkei gehabt hatte, widmete er sich den neuen Herausforderungen mit großem Elan. 1935 schrieb er optimistisch nach England: „Heute weiß ich, dass ich so oder so die Dinge meistern werde. Ich werde Türkisch beherrschen und in die Sache mich einarbeiten."[23] Tatsächlich konnte Reuter binnen kurzer Zeit so gut Türkisch, dass er seine Arbeit für das Ministerium in dieser Sprache erledigte. Schon bald wandte er sich seinem Spezialgebiet, der Kommunalpolitik, zu. An der Verwaltungshochschule in Ankara hielt er Seminare und Vorlesungen in diesem Fach – speziell über Urbanisierung, Wohnungs- und Baugeländepolitik, Stadtplanung, Kommunalverwaltung und das Finanzwesen der Stadtverwaltungen –, schrieb drei Lehrbücher und beriet parallel dazu die türkische Regierung, für die er Gesetzesentwürfe und Tarifordnungen entwarf.

Die meisten Wissenschaftler, die ins Exil flohen, durchliefen mehrere Stationen, bevor sie sich wieder an einer Hochschule oder einem Forschungsinstitut niederlassen konnten. Der Philosoph Karl Löwith (geboren 1897 in München, gestorben 1973 in Heidelberg) etwa, der bei Edmund Husserl und Martin Heidegger studiert hatte und sich vor allem mit Nietzsche, Hegel, Feuerbach und Burckhardt beschäftigte, gelangte mithilfe eines Stipendiums der Rockefeller Foundation 1934 nach Rom. 1938 erließ Italien ähnliche „Rassegesetze" wie die nationalsozialistischen „Nürnberger Gesetze", sodass die italienischen und aus Deutschland geflohenen Juden erneut in Gefahr waren. Löwith bemühte sich vergeblich um eine Professur in den USA und in Kolumbien, wurde dann aber an die japanische Universität von Sendai berufen, denn seine Forschung war in Japan sehr bekannt. Die Reiseroute, die er und seine Frau nahmen, führte von Neapel durch den Suezkanal über Singapur, Hongkong, Shanghai und Kobe. In Sendai empfing man das Ehepaar Löwith sehr freundlich, und dass sie ein eigenes Haus zur Verfügung hatten und bald auch ihre Möbel und Bücher aus Deutschland kamen, erleichterte es ihnen, sich in Japan wohlzufühlen. Dazu trug auch bei, dass Löwith direkt an seine in Deutschland und Italien begonnenen Arbeiten anknüpfen und Vorlesungen und Seminare über Nietzsche und Hegel halten konnte – noch dazu auf Deutsch. Zwar interessierte sich Löwith für die japanische Kultur und fernöstliche Philosophie, doch letztlich meinte er, die Exilerfahrung in Japan habe ihn nicht sehr beeinflusst:

> Man lernt zwar Einiges hinzu [...], aber man wird nicht ein Anderer; man bleibt auch nicht einfach derselbe, aber man wird, was man ist und innerhalb seiner Grenzen sein kann.[24]

Dies änderte sich, als Löwith und seine Frau 1941 in die USA gingen. Aufgrund des deutsch-japanischen Bündnisses war die Lage in Sendai unsicher geworden, und der ebenfalls geflohene Theologe Paul Tillich (geboren 1886 in Starosiedle, Polen, gestorben 1965 in Chicago) sowie sein amerikanischer Kollege Reinhold Niebuhr verhalfen Löwith zu einer Stelle am Theologischen Seminar in Hartford, Connecticut. 1949 wurde er dann Professor an der New School for Social Research, wo er bis zu seiner Rückkehr nach Westdeutschland 1952 lehrte. Zwar bestand die Fakultät der New School überwiegend aus exilierten Wissenschaftlern, die untereinander Deutsch sprachen, doch der Unterricht musste selbstverständlich auf Englisch abgehalten werden.

Die feinen Unterschiede – Geschlechterrollen und Wissenschaftskulturen

Für etliche Frauen, die vor ihrer Flucht in der Wissenschaft tätig gewesen waren, aber keine Professuren innegehabt hatten – der Anteil von Professorinnen an den deutschen Hochschulen vor 1933 war verschwindend gering, weil ausgeprägte Vorurteile gegen Frauen in der

Wissenschaft herrschten und sie diskriminiert wurden –, bot das Exil Aufstiegschancen. Nur vier Prozent der jüngeren Wissenschaftlerinnen, die in die USA gingen, hatten in Deutschland an Hochschulen gelehrt; in den USA stieg diese Zahl auf 24 Prozent. Im Vergleich dazu fanden von den neun Prozent der männlichen Wissenschaftler, die vor ihrem Exil gelehrt hatten, 28 Prozent in den USA eine Hochschulstelle. Also gelang es den Frauen, ihren Rückstand gegenüber den männlichen Kollegen aufzuholen; allerdings erhielten sie meist deutlich niedrigere Gehälter als die Männer.[25]

Gemeinsam war Frauen und Männern in der Wissenschaft, dass sie sich in einer ganz anderen akademischen Kultur zurechtfinden und sich neue Forschungsmethoden aneignen mussten. Grundsätzlich war „ein ‚adjustment to the American way of life‘ nicht ganz zu umgehen, wenn man akzeptiert werden wollte“, wie Karl Löwith feststellte.[26] Das betraf nicht nur fachliche Aspekte, sondern auch Fragen von Stil und Habitus. An den US-Hochschulen waren ein ganz anderer Ton und ein viel lockerer Umgang mit den Studierenden üblich als an den hierarchisch geführten deutschen Universitäten. Die Professoren wurden in den Vereinigten Staaten nicht als ehrwürdige Eminenzen behandelt, wie es die deutschen Ordinarien gewohnt waren; dieser Unterschied führte wiederholt zu Missverständnissen und Irritationen. Dass Dozenten in den USA häufig als Lehrer im schulischen Sinne und weniger als Wissenschaftler wahrgenommen wurden, stellte das professionelle Selbstverständnis vieler deutscher Exilanten infrage.

Hinzu kamen in einigen Fällen politische Vorbehalte gegenüber Deutschen und Deutschland, unabhängig davon, ob es sich um Anhänger des NS-Staates oder um dessen dezidierte Gegner handelte. Hinter solchen Argumenten stand zum einen die Sorge der einheimischen Wissenschaftler, die Exilanten könnten ihnen die Stellen „stehlen“. Gerade in den Geisteswissenschaften, die meist über geringere finanzielle Mittel und weniger feste Stellen verfügten, war diese Wahrnehmung ausgeprägt. Ein weiterer Grund, weshalb geflohene Wissenschaftler oft nur mittelmäßige bis schlechte Chancen hatten, an den Universitäten und Forschungseinrichtungen des Exillandes unterzukommen, war der Antisemitismus. Noch in den Dreißigerjahren existierten an einigen amerikanischen Universitäten informelle Quoten, die regelten, wie viele Wissenschaftler und Studierende jüdischer Herkunft zugelassen werden könnten. In einem solchen Klima war es für die Exilanten häufig schwierig, nicht nur ein Auskommen, sondern auch fachliche Anerkennung zu finden. Etliche unterrichteten jahrelang Kurse an weniger bekannten (oftmals afroamerikanischen) Colleges und Universitäten und konnten ihre frühere Forschung nicht fortsetzen. Andererseits stellte die Gelegenheit, im Ausland zu arbeiten und neue Ansätze kennenzulernen, eine ungeahnte professionelle Bereicherung dar, und einigen Wissenschaftlern gelang es, die mitgebrachten mit den im Exilland vorgefundenen Konzepten zu verbinden. Auch hier ist das amerikanische Beispiel besonders anschaulich.

Das Office of Strategic Services

Mit dem Kriegseintritt der USA stieg die Nachfrage nach Experten, die Kenntnisse über die umkämpften Regionen besaßen, die sie den Alliierten vermitteln konnten. Ein Sammelbecken für emigrierte Geistes- und Sozialwissenschaftler wurde das Office of Strategic Services (OSS), eine amerikanische Geheimdienststelle. In ihrer Foreign Nationalities Branch und in der Unterabteilung Research and Analysis (R&A) fertigten etliche Emigranten Analysen über Fragen der deutschen Geschichte, Kultur, Geographie usw. an. Franz Neumann, John (Hans) Herz, Herbert Marcuse, Hajo Holborn, Carl E. Schorske, Felix Gilbert, Otto Kirchheimer u. a. versuchten zu erklären, wie das NS-System funktionierte und welche Bedingungen es seinen Anführern erleichtert hatten, sich zu etablieren. Von diesen, teils marxistisch orientierten Studien ausgehend, formulierten sie Empfehlungen, was die Amerikaner tun sollten, um die deutsche Bevölkerung von ihrer Unterstützung für Hitler abzubringen, sie nach dem Ende des Krieges „umzuerziehen“ und das Land im demokratischen Sinne zu „erneuern“. Eine der einflussreichsten Arbeiten war die Studie *Behemoth* (1942) des Juristen Franz Neumann (geboren 1900 in Katowice, gestorben 1954 in Visp, Schweiz). Darin analysierte Neumann die Struktur des Nationalsozialismus und argumentierte, dass sich hinter der autoritären Fassade ein von Willkür und Terror getragenes System der Gesetzlosigkeit verberge, in dem verschiedene Gruppen um Macht konkurrierten. Neumann, der am Frankfurter Institut für Sozialforschung gearbeitet hatte, erlangte mit *Behemoth* große Berühmtheit. Er erhielt eine Professor an der Columbia University und war an den Vorbereitungen der Nürnberger Prozesse beteiligt, in denen führende deutsche Politiker, Bankiers und Militärs u. a. wegen ihrer Verbrechen gegen die Menschlichkeit angeklagt waren.

Nur wenige Analysen, die Exilanten für das OSS verfassten, hatten solch großen Einfluss auf die amerikanische Wahrnehmung Deutschlands wie *Behemoth*. Doch für die beteiligten Wissenschaftler bedeutete eine Stelle beim OSS nicht nur ein vorläufig gesichertes Auskommen, sondern auch das Gefühl, gebraucht zu werden und die eigene fachliche Qualifikation nutzen zu können. Außerdem verhalf die Arbeit einigen zu Kontakten mit amerikanischen Kollegen, die es ihnen nach dem Krieg erleichterten, Anstellungen zu finden.[27]

Aus der Distanz gesehen – Der wissenschaftliche Blick auf Deutschland

Weit über die konkreten Kriegsanalysen hinaus konnte der wissenschaftliche Blick von außen auf das eigene Land helfen, die Forschungsperspektive zu erweitern; dies traf vor allem auf die geflohenen Historiker zu. Die deutsche Geschichtsschreibung besaß seit der Reichsgründung 1870/71 eine deutlich nationalistische Ausprägung. In der deutschen Historiographie der Kaiser- und der Weimarer Zeit dominierte ein Ansatz, der sich auf Preußens „große Männer" und die „hohe Politik" konzentrierte. In den Zwanzigerjahren gab es Versuche, diese Fixierung auf den Staat zu überwinden. Doch viele Vertreter solch neuer Konzepte galten seit 1933 als politisch „unzuverlässig" oder konnten ihre Forschung aufgrund der rassistischen Diskriminierung nicht fortsetzen.

Einer von ihnen war der berühmte Renaissancehistoriker Hans Baron (geboren 1908 in Berlin, gestorben 1988 in Chicago), der in die USA emigrierte. Dort stellte er fest, dass seine amerikanischen Kollegen ihre Forschung über die Reformation nicht auf die deutschen Gebiete beschränkten, sondern auch den Verlauf und die Bedeutung der Reformation in Frankreich, den Niederlanden und Schottland untersuchten. Denn obwohl die Reformation wesentlich von Luther und damit im deutschsprachigen Bereich initiiert worden war, handelte es sich um ein Phänomen, das über regionale und nationale Grenzen hinausreichte, die zur damaligen Zeit ohnehin durchlässiger waren. Baron machte es sich zur Aufgabe, seinen deutschen Kollegen diese transnationale Perspektive zu vermitteln und ihren Blick über die deutschen Landesgrenzen hinaus auf die Entwicklungen in Europa insgesamt zu lenken.

In der Nachkriegszeit übernahmen amerikanische Historiker die Herausgabe der deutschen Zeitschrift *Archiv für Reformationsgeschichte*, weil die Deutschen dazu finanziell nicht in der Lage waren. Von nun an erschien die Zeitschrift zweisprachig, was den westdeutschen Historikern die Gelegenheit gab, Kontakte zu ausländischen Kollegen zu knüpfen und ihre vom Nationalsozialismus und Krieg verursachte Isolierung zu durchbrechen.[28]

Ähnlich wie Baron, der die nationalistische Verengung des deutschen wissenschaftlichen Blicks kritisierte, arbeitete Hajo Holborn (geboren 1902 in Berlin, gestorben 1969 in Bonn) gegen die Idee an, dass es einen „natürlichen“, historisch gewachsenen Gegensatz zwischen Deutschland und Westeuropa gebe. Er verwarf die Idee, dass der deutsche „Geist“ der westeuropäischen „Kultur“ überlegen sei und sich die Deutschen nicht für die parlamentarische Demokratie eigneten. Holborn hatte – wie Baron – bei Friedrich Meinecke promoviert, war SPD-Mitglied und Professor an der privaten, mit amerikanischen Mitteln finanzierten Deutschen Hochschule für Politik in Berlin, an der er dezidiert demokratische Positionen vertrat. 1933 floh er mit seiner Ehefrau, die aus einer jüdischen Familie stammte und deshalb bedroht war, über Großbritannien in die USA.

Dort lehrte er an der Yale University Geschichte. Ab 1943 war er an leitender Stelle in der Forschungsabteilung des OSS tätig. In seinen Analysen betonte er, wie groß die Ähnlichkeit Deutschlands und Westeuropas sei; damit wollte er aufzeigen, dass die nationalsozialistische Ordnung nicht, wie ihre Repräsentanten behaupteten, den „wahren deutschen Weg“ darstellte, sondern eine fatale Abweichung von der ursprünglichen historischen Entwicklung sei. Folgerichtig müsse Deutschlands „Rückkehr“ auf den „rechten Weg“ mit der Befreiung vom Nationalsozialismus beginnen und sich in der Etablierung demokratischer Strukturen und der Verankerung liberaler Werte verstetigen, meinte Holborn. Nach dem Krieg setzte er seine Beratertätigkeit für das US-Außenministerium fort, bevor er an die Yale University zurückkehrte, wo er bis zu seinem Tod unterrichtete.

Mit dem externen Blick auf die Geschichte und Gegenwart des eigenen Herkunftslands konnte auch eine Neueinschätzung der gesellschaftlichen und politischen Traditionen einhergehen, die bis zum Zeitpunkt der Emigration unsichtbar gewesen oder weniger prägnant erschienen waren. Der Einblick in die eigene Gesellschaft war von außen oftmals leichter und ermöglichte neue Erkenntnisse über die eigene Kultur, gerade auch im Vergleich mit der Gesellschaft des Gastlandes. Der Sozialdemokrat Fritz Croner fand in Schweden, einem Sammelpunkt der Exil-SPD, eine politische Ordnung vor, die ihm die Augen für die deutschen Probleme öffnete:

> Ich habe in Schweden nicht nur gelernt, was demokratische Politik tatsächlich beinhaltet, ich habe auch gleichzeitig gelernt zu verstehen, welche fundamentalen Mängel in unserem politischen Handeln und in unseren persönlichen Wertungen die deutsche Republik zu Fall gebracht haben.[29]

Ähnlich meinte Hans Baron 1951, dass es in den USA fraglos schwerwiegende politische und soziale Missstände gebe. Doch die bestehenden Probleme würden durch eine bestimmte politische Kultur aufgefangen und – wenigstens zum Teil – gelöst:

> [D]er gute Wille und die immer wieder sich bildenden Protest- und Reformbewegungen sind so stark in diesem Lande, dass Optimismus und das Vertrauen, dass man zuletzt mit dem Bösen fertig werden wird, nicht sterben. Der wilde Hass, den man aus Europa, und vor allem aus Deutschland, kennt, existiert hier nicht, oder ist wenigstens viel geringer. Dadurch erscheint einem von hier aus Europa in vieler Hinsicht verkrampft, muffig und provinziell; man kann nicht mehr tauschen wollen.[30]

Offenbar hatte sich Baron so sehr von der deutschen Kultur entfremdet, dass es ihm schwerfiel, sich noch bzw. wieder in Deutschland zu verorten. Er blieb in den USA, wo er eine Stelle als Bibliothekar an einer Forschungsbibliothek in Chicago fand. Wiederholt war er als Gastprofessor an amerikanischen Universitäten tätig, doch eine eigene, feste Professur erhielt er nicht.

Obwohl die emigrierten Historiker viele kluge Bücher und Artikel produzierten, blieb ihr Anteil an der Gestaltung der alliierten Deutschlandpolitik insgesamt vergleichsweise gering. Ihre Expertisen waren zu detailliert und zu abstrakt, als dass sie den konkreten Bedürfnissen der Besatzungsmächte entsprochen hätten. Dass sie die amerikanische Propaganda häufig als zu plump oder gar kontraproduktiv kritisierten und damit leicht „besserwisserisch“ erschienen, trug dazu bei, dass die meisten Regierungsstellen die Emigranten auf Distanz hielten.

Etwas bessere Chancen als die Historiker, Einfluss auf die amerikanische Deutschlandpolitik zu nehmen, hatten exilierte Sozialwissenschaftler, die vor und während des Krieges für die US-Regierung arbeiteten. Eine große Gruppe von exilierten Politologen, Soziologen, Wirtschaftswissenschaftlern und Juristen fand sich an der New School for Social Research zusammen. Ihnen war gemeinsam, dass sie in der Weimarer Zeit versucht hatten, moderne Ansätze und Methoden zu entwickeln, um die akuten sozialen und politischen Probleme zu lösen und die junge deutsche Demokratie zu stabilisieren. Den USA unter

Präsident Roosevelt, der von der Bedeutung wissenschaftlicher Expertisen überzeugt war und im Zuge des New Deal sozialstaatliche Projekte initiierte, waren diese Vertreter der „Weimar Culture" überaus willkommen. Gerhard Colm, Adolph Lowe, Hans Staudinger, Emil Lederer und Alfred Kähler waren einige der Wirtschaftswissenschaftler, die im amerikanischen Exil zu angesehenen Experten wurden und die US-Regierung im Sinne progressiver Konjunktur- und Wachstumstheorien berieten. Karl Loewenstein, Franz Neumann, Ernst Fraenkel und Sigmund Neumann wirkten als Politikwissenschaftler daran mit, das theoretische Fundament der amerikanischen *political science* zu stärken. Zugleich forderte das Exil in den Vereinigten Staaten sie heraus, „ihr theorielastiges Denken zu *entteutonisieren*", sich also stärker mit empirischen Ansätzen vertraut zu machen, die in den USA prominent waren.[31]

Die New School for Social Research

Die New School wurde 1919 als eine Art linksliberale Volkshochschule in New York City gegründet. 1934 kam die Graduate Faculty of Political and Social Sciences hinzu – die New School for Social Research. Der Präsident der Universität, Alvin Johnson (geboren 1874 in Homer, Nebraska, gestorben 1971 in Upper Nyack, New York), gründete 1933 die University in Exile, um bedrohten Wissenschaftlern aus Europa Zuflucht zu bieten und ihr Wissen an einer Stelle zu vereinen. Mit finanzieller Unterstutzung von Privatleuten und der Rockefeller Foundation machte er die University in Exile zu einem Sammelbecken der intellektuellen Emigration. Insgesamt waren in den frühen Vierzigerjahren 170 aus Europa geflohene Wissenschaftler an der New School tätig. Obwohl die Institution häufig als isolierte Hochburg europäischer Gelehrsamkeit kritisiert wurde, hatte die Arbeit ihrer Mitglieder grundlegenden Einfluss auf die amerikanischen Geistes- und Sozialwissenschaften. Die Universität mit Sitz in Manhattan existiert bis heute.

„Ich nahm sie im Kopf mit über die Grenze" – Sprache und Kultur

Der Verlust der früheren Heimat im Zuge des Exils bedeutete fast immer auch den Verlust der Mutter- als Alltagssprache. Am Sprachproblem scheiterten viele Exilierte in ihrem Bemühen, sich so weit wie möglich in die Gastgesellschaft zu integrieren und ihren Außenseiterstatus zu überwinden. Denn eine Kultur bleibt fremd, solange man die Sprache nicht versteht, auf der sie beruht. Ossip K. Flechtheim schrieb dazu:

> Es hat ziemlich lange gedauert, bis ich die englische Sprache wirklich beherrschen konnte, bis zum Schluss konnte ich auf Englisch nicht fluchen – und das ist sehr wichtig.[32]

Außerdem bedeutete das Leben in einer fremden Sprache, dass den Flüchtlingen ihre eigene Andersartigkeit stets präsent war. Damit verbunden war vielfach eine tiefgreifende persönliche Verunsicherung, denn „[d]ie Trennung von der Sprache bedeutete die Aufgabe jenes Gutes, das die Flüchtlinge auch nach dem Verlust ihrer materiellen Existenz und sozialen Stabilität noch voll ihr Eigen nannten und beherrschten; mit dem sie sich mit sich selbst und ihrer Umwelt verständigen, sich verständlich machen konnten".[33]

Wie Erika Mann nahmen zwar viele ihr Selbstverständnis und ihre Ideen – auch eine Form von Sprache – im Kopf mit über die Grenze, aber es erwies sich manchmal als schwierig, diese Sprache im Exil am Leben zu erhalten.

Sprachbarrieren

Zur Selbstwahrnehmung des Fremdseins trug bei, dass viele Exilanten aufgrund ihres Akzents stigmatisiert und manchmal diskriminiert wurden. Es empfehle sich, an öffentlichen Telefonzellen in englischer Sprache zu telefonieren, schrieb ein Exilant während des Krieges aus den USA, weil Deutsche damit rechnen müssten, als „Spione“ oder „Nazis“ beschimpft zu werden. Aufgrund solcher Erfahrungen die eigene Muttersprache aufzugeben, war für die meisten allerdings keine Option. Stattdessen versuchten sie, zu Hause die eigene und in der Öffentlichkeit die neue Sprache zu sprechen. Über die Jahre verlernten einige ihre Muttersprache; dies war vor allem bei Kindern der Fall. Sie empfanden das Sprachproblem als weniger gravierend, da sie sich häufig schneller neue Sprachkenntnisse aneignen konnten und sich insgesamt leichter taten, sich in die neue Gesellschaft zu integrieren. Die Erfahrung von Madeleine Kuczynski (geboren 1932 in Berlin), der Tochter des kommunistischen Wirtschaftswissenschaftlers, Statistikers und Philosophen Jürgen Kuczynski (geboren 1904 in Elberfeld, gestorben 1997 in Berlin), der mit seiner Familie nach England geflohen war und später in die DDR zurückkehrte, ist ein Beispiel dafür. Madeleine wuchs in Großbritannien auf und fühlte sich in der englischen Kultur und Sprache zu Hause; Deutsch zu sprechen war für sie eine anstrengende Pflicht. Ihre Eltern, die sich bemühten, im Exil die deutsche Kultur und Sprache zu pflegen, irritierte das. Ihr Vater schrieb: „Erst nimmt Hitler dem Kind die Heimat und nun auch noch die Sprache.“[34] Bezeichnenderweise wurde Madeleine später Dolmetscherin.

Im Exil Deutsch zu sprechen, konnte leicht zu einem Politikum werden. Besonders in Palästina gab es Kritik an den Exilanten, die darauf beharrten, sich untereinander auf Deutsch zu unterhalten. Schließlich stand Palästina für die Idee, nationale Zugehörigkeiten zugunsten der zionistischen Idee zu überwinden; ein Ausdruck dieser übernationalen, auf religiöser Identität basierenden Idee war die gemeinsame hebräische Sprache. Mit der Verfolgung und Vernichtung der europäischen Juden durch die Nationalsozialisten wurde Deutsch für viele zur „Sprache der Mörder“, und einige zionistische Gruppen versuchten, den Gebrauch des Deutschen zu unterbinden.[35]

Literarisches Exil

Existenziell war das Sprachproblem für emigrierte Autoren und Schriftsteller. Alfred Döblin hatte sich bereits im französischen Exil mit der neuen Sprache schwer getan, konnte damals aber noch seine deutschen Texte im Amsterdamer Querido-Verlag veröffentlichen. Bei Querido betreuten die ebenfalls geflohenen Lektoren des Kiepenheuer Verlags, Fritz Landshoff, Walter Landauer (geboren 1902 in Berlin, gestorben 1944 im Konzentrationslager Bergen-Belsen) und Hermann Kesten, zahlreiche Werke deutschsprachiger Exilanten. Mit dem Englischen kam Döblin während seines Exilaufenthalts überhaupt nicht zurecht. Deprimiert schrieb er:

> Ein Schriftsteller trägt mit der Sprache ein Stück seiner Heimat mit sich und eine Amputation (Herüberwechseln zur anderen Sprache) ist tödlich. [...] Ich beneide [...] Maler, Componisten, die nicht so streng und straff gebunden und gehindert werden.[36]

Döblins Verwendung des Begriffs „Amputation“ deutet darauf hin, dass der Sprachverlust für einige Schriftsteller eine Art körperliche Verletzung darstellte. Das Gefühl, sich in der fremden Sprache nicht so differenziert ausdrücken zu können, wie man es von der eigenen Sprache gewohnt war, stellte für exilierte Autoren eine einschneidende, manchmal quälende Erfahrung dar – ganz abgesehen von der materiellen Unsicherheit, die sich aus dieser Sprachlosigkeit ergab. Ganz bewusst versuchten viele Schriftsteller im Exil, das Schreiben in der deutschen Sprache fortzusetzen, um sie auf diese Weise der Vereinnahmung durch die Nationalsozialisten zu entziehen. Dies war allerdings ein anspruchsvolles Projekt, denn Sprache als Ausdruck sozialer Bedingungen und Beziehungen verändert sich kontinuierlich und lässt sich kaum isoliert „rein erhalten“.

Deutschlands Geschichte schreiben – Doktor Faustus

Umso interessanter ist daher die literarische Tätigkeit exilierter Schriftsteller. Zwar lässt sich nicht sagen, dass das Exil formale Neuerungen oder eine eigene literarische Ästhetik hervorgebracht habe.[37] Die meisten deutschsprachigen Romane, Erzählungen und Gedichte, die im Exil entstanden, knüpften an die Traditionen der Weimarer Zeit an und führten die Neue Sachlichkeit fort, die die Nationalsozialisten als „undeutsch" bekämpften. Neu waren jedoch die Themen der Veröffentlichungen und Manuskripte (denn viele Texte wurden nie oder erst mit großer Verspätung veröffentlicht): Eine große Zahl von ihnen bezog sich auf die individuelle und kollektive Exilerfahrung oder auf die politische Situation im jeweiligen Heimatland, und fast alle positionierten sich gegen das NS-Regime und den Faschismus. Thomas Manns Roman *Doktor Faustus*, der zwischen Mai 1943 und Februar 1947 in Kalifornien entstand, ist eines der eindrucksvollsten Beispiele dieser Auseinandersetzung mit Deutschlands politischer und intellektueller Entwicklung.

Doktor Faustus lässt sich als Spiegelung der deutschen Geschichte in der ersten Hälfte des 20. Jahrhundert verstehen. Erzählt wird die Geschichte des Komponisten Adrian Leverkühn, der einen Pakt mit dem Teufel schließt, um seine Schaffenskraft zu sichern. Sein Schul- und Studienfreund Serenus Zeitblom beginnt im Mai 1943, die Geschichte Leverkühns aufzuzeichnen. Die erzählte Zeit erstreckt sich über zwei Jahre; Zeitblom beendet seinen Bericht am 8. Mai 1945. Die Person Leverkühns weist zahlreiche Ähnlichkeiten mit dem Philosophen Friedrich Nietzsche auf, und seine künstlerische Arbeit ist an der u.a. von Arnold Schönberg entwickelten Zwölftontechnik orientiert, die als Inbegriff der modernen Musik gilt. Der faustische Pakt, den Leverkühn 1906 bei einem Aufenthalt in Italien schließt, spielt auf die Inkubationsphase des überhöhten deutschen Machtdenkens zu jener Zeit an. Der Teufel verspricht Leverkühn vierundzwanzig Jahre genialische Einfälle; der Preis dafür besteht im Verzicht auf Liebe. Tat-

Das Institut für Sozialforschung

Das Institut für Sozialforschung wurde 1923 zur Erforschung des wissenschaftlichen Marxismus gegründet. 1931 übernahm der Philosoph Max Horkheimer (geboren 1895 in Stuttgart, gestorben 1973 in Nürnberg) die Leitung des Instituts. Zwei Jahre später emigrierte das Institut erst nach Genf, dann nach Paris und von dort nach New York City, wo es als Institute for Social Research an die Columbia University angebunden wurde. Später transferierte Horkheimer das Institut nach Los Angeles und schrieb dort mit Adorno die *Dialektik der Aufklärung*. 1948 kehrte Horkheimer nach Frankfurt zurück. 1951 wurde er Rektor der Universität und eröffnete im selben Jahr das neue Institut für Sozialforschung. Adorno erhielt kurze Zeit später eine Professur für Philosophie und Soziologie in Frankfurt. Die sogenannte Frankfurter Schule hatte grundlegenden Einfluss auf die intellektuelle Entwicklung der Bundesrepublik.

sächlich gelingen dem Komponisten bis 1930 zahlreiche Erfolge. Dann befällt ihn eine psychische Krankheit, von der er sich bis zu seinem Tod 1940 nicht mehr erholt – eine Parallele zur nationalsozialistischen Machtübernahme, die in der moralischen und materiellen Zerstörung Deutschlands endet.

Bei der Arbeit an *Doktor Faustus* erhielt Thomas Mann weitreichende Unterstützung von Theodor W. Adorno (geboren 1903 in Frankfurt, gestorben 1969 im Wallis), dem Philosophen, Musiktheoretiker und Mitbegründer der Frankfurter Schule.

In Los Angeles gehörten Adorno und Max Horkheimer zu dem deutschsprachigen Exilantenzirkel, der sich rund um Pacific Palisades, Hollywood und die University of California in Los Angeles formierte. Aufgrund der hohen Dichte angesehener Weimarer Künstler, Schriftsteller und Publizisten war manchmal von einem „Weimar am Pazifik“ die Rede. Adorno, der auch Musikwissenschaft studiert hatte, musiktheoretische Arbeiten veröffentlichte und selbst komponierte, weihte Thomas Mann in die Grundlagen der Zwölftontechnik ein. Zugleich übernahm Mann, der sich bis dahin vor allem an der Existenzphilosophie Nietzsches orientiert hatte, wichtige Elemente des dialektischen Denkens von Adorno, insbesondere seine Ideen zur *Ästhetischen Theorie*. Damit ist *Doktor Faustus* nicht nur ein prägnantes Beispiel für die literarische Verarbeitung der Gegenwartsentwicklung, sondern auch dafür, welche Effekte die relativ zufällige Nachbarschaft der Exilanten und der sich daraus ergebende intellektuelle Austausch auf das künstlerische Arbeiten im Exil haben konnten.[38]

Die erfolgreiche Karriere der Vicki Baum

Die Zahl derjenigen, die im Exil begannen, in der Sprache des Gastlandes zu schreiben, war insgesamt gering. Autorinnen und Schauspielerinnen, und Frauen generell, fiel es oft leichter als ihren männlichen Kollegen, sich die neue Sprache anzueignen und sie produktiv einzusetzen. Das lag u.a. daran, dass an den Mädchenschulen des Kaiserreichs und der Weimarer Republik moderne Fremdsprachen fester Bestandteil des Lehrplans gewesen waren, wohingegen die meisten Jungen Latein und Griechisch lernten. Die Schriftstellerin Vicki Baum (geboren 1888 in Wien, gestorben 1960 in Hollywood) war 1929 mit ihrem Buch *Menschen im Hotel* berühmt geworden; es wurde 1932 mit Joan Crawford und Greta Garbo in den Hauptrollen unter dem Titel *Grand Hotel* verfilmt. Baum emigrierte 1931 in die USA und schrieb seit 1938 auf Englisch.

Eines ihrer bekanntesten Bücher, das im Exil entstand, war *Hotel Berlin '43*; auch dieses Buch, das 1944 erschien, wurde kurze Zeit später verfilmt. Es handelt von einer Gruppe ganz unterschiedlicher, an realen Personen orientierten Menschen, die 1943, kurz nach Stalingrad, in einem Berliner Luxushotel zusammenkommen: Ein preußischer General, der – ähnlich wie Ludwig Beck – Verbindungen zum militärischen Widerstand hat und zum Selbstmord gezwungen wird, als ein Umsturzversuch scheitert; ein hochrangiger Beamter des Auswärtigen Amtes, der bereits im Kaiserreich und in der Weimarer Republik „gedient“ hat, sich pragmatisch in den Dienst des NS-Regimes stellt und auf eine neuerliche Position in der Zeit nach dem absehbaren Ende des Nationalsozialismus hofft; ein Leipziger Student, der – in Anlehnung an Hans Scholl und die Weiße Rose – nach seinen Erfahrungen an der Ostfront gegen das NS-Regime protestiert hat, dessen Schwester ermordet wurde und der sich nun auf der Flucht vor der Gestapo befindet; eine berühmte Schauspielerin mit engen Beziehungen zur politischen Führung, die sich – ähnlich wie Leni Riefenstahl – aus „kleinen Verhältnissen" hochgearbeitet hat und sich allein für ihren beruflichen Erfolg und ihre Privilegien interessiert, bis sie zufällig den flüchtigen Studenten trifft, sich in ihn verliebt und zum Widerstand übertritt; ein Hotelpage, der nach seiner Enttäuschung über die Hitlerjugend einer alternativen Jugendgruppe (angelehnt an die Edelweißpiraten) beigetreten ist, dafür verhaftet wurde und nun mit seinem Vater, der zum kommunistischen Untergrund gehört und sich als Blockwart und SA-Mitglied tarnt, den Studenten verstecken will; ein britischer Schriftsteller, der von den Nationalsozialisten als Geisel festgehalten und gezwungen wird, NS-Propagandasendungen zu sprechen, die nach England ausgestrahlt werden; ein deutscher Dichter, der – ähnlich wie Gerhart Hauptmann – als quasi-offizieller Poet des „Dritten Reiches" gilt, aber um seine Abhängigkeit vom Regime weiß; ein berühmter junger Flieger, der die technikfixierte Verblendung der Luftwaffe repräsentiert; und eine jüdische Frau, die versucht, Medikamente für ihren schwerkranken Mann zu besorgen, um es ihm zu ermöglichen, sich das Leben zu nehmen, weil er in der Illegalität keine Aussicht auf Behandlung hat. Auf dem dramatischen Höhepunkt des Romans kommen all diese Menschen, deren Lebensgeschichten sich zum Teil überschneiden, während eines Bombenangriffs auf Berlin im Luftschutzkeller des Hotels zusammen.

Mit ihrer Beschreibung der verschiedenen Personen, ihrer Hintergründe und politischen Positionen wollte Vicki Baum einen Eindruck von der Vielschichtigkeit der nationalsozialistischen Gesellschaft vermitteln. Ihr Buch sollte zeigen, dass sich das Leben in Hitler-Deutschland nicht eindeutig als „schwarz" oder „weiß" definieren lasse, sondern voller Ambivalenzen sei. Doch obwohl sich der Roman als Plädoyer für eine differenzierte Einschätzung individuellen Verhaltens lesen lässt, fehlt es nicht an Kritik an der deutschen Gesellschaft und den Deutschen. Im Anschluss an die Szene, in der die Autorin den Bombenangriff auf Berlin beschreibt, klagt sie die Deutschen scharf an:

> Selbstmitleid ist einer der vorherrschenden Züge des deutschen Charakters. Ihre Leidensfähigkeit wird von ihrem unkontrollierten Drang überwogen, sich selbst zu bemitleiden. Sie tragen den provinziellen, engstirnigen Glauben mit sich herum, dass Leiden, Schmerzen, Unglück und Mühsal etwas besonderes seien, woran nur die Deutschen litten, während der Rest der Welt nichts davon wisse.[39]

Erst der Zweite Weltkrieg und die individuelle Erfahrung der Gewalt und Zerstörung habe sie dazu gebracht, zu verstehen, welch fatale Konsequenzen diese selbstmitleidige Ignoranz haben könne.

> Es war die erste Lektion für ein unreifes Volk, das sich geweigert hatte, erwachsen zu werden und auf verträgliche Weise mit dem Rest der menschlichen Familie zu leben.[40]

Vicki Baums Roman ist ein eindrucksvolles Beispiel dafür, wie es einigen exilierten Schriftstellerinnen gelang, die politischen Entwicklungen in Deutschland literarisch zu verarbeiten, sie dem Publikum des Gast- bzw. neuen Heimatlandes nahezubringen und ihre Karriere fortzusetzen. Allerdings war Vicki Baum keine „typische" Exilantin. Sie war bereits 1931 aus beruflichen Gründen in die USA gereist, also nicht erst unter politischem Druck geflohen. Die amerikanische Lebens- und Arbeitsatmosphäre gefiel der Schriftstellerin so gut, dass sie beschloss, mit ihrer Familie in die Vereinigten Staaten zu gehen und ihre beiden Söhne, Wolfgang und Peter, im amerikanischen Sinne zu erziehen. Ihr Mann, Richard Lert, war ein in Deutschland anerkannter Dirigent, Händel- und Beethoven-Spezialist. Er hatte zuletzt in Mannheim und an der Lindenoper in Berlin, also an berühmten Häusern gearbeitet, doch ein Star wie seine Frau war er nicht. Vicki Baum hatte beruflich weit mehr Erfolg als er, bestritt das Familieneinkommen, unternahm immer wieder monatelange Reisen durch die Welt und lebte ein in vieler Hinsicht modernes, emanzipiertes Leben. Beide Partner, die eine für damalige Verhältnisse ungewöhnlich gleichberechtigte Ehe führten, waren jüdischer Herkunft und damit seit der Machtübernahme der Nationalsozialisten bedroht. Ihre Söhne waren zwar protestantisch getauft, wären jedoch ebenfalls verfolgt worden.

1933 erschien Vicki Baums Name auf der „Schwarzen Liste" des nationalsozialistischen Kampfbundes für Deutsche Kultur, weil es von ihr hieß, sie verunglimpfe mit ihrer Arbeit die deutsche Nation. Ihr Mann hätte seine Position an der Berliner Oper vermutlich im Frühjahr oder Sommer 1933 verloren, wäre er nicht bereits 1932 aus dem Verband der Staatsoper ausgetreten, um in die USA überzusiedeln. Insofern entging die Familie zwar weitgehend der nationalsozialistischen Diskriminierung, doch natürlich hörten sie von den Erfahrungen ihrer in Deutschland und Österreich gebliebenen Freunde, Bekannten und Verwandten. Allerdings erfuhr Vicki Baum erst nach dem Krieg, dass ihr Vater, der seit 1933 bei Verwandten im jugoslawischen Novi Sad gelebt hatte, im Zuge eines Massakers an der jüdischen Bevölkerung 1942 von ungarischen Faschisten ermordet worden war. Dass sich die Autorin mit ihrer Familie in Santa Monica, Kalifornien, niederließ, bedeutete auch, dass sie sich in nächster Nachbarschaft zu den deutschsprachigen Exilanten befand, die seit den frühen Dreißigerjahren sukzessive an die Westküste kamen. Es ist also anzunehmen, dass Baum mit ihren Kollegen und Nachbarn über die Situation in Europa sprach und über die Bemühungen Bescheid wusste, den dort Verbliebenen und Bedrohten zu helfen.

Allerdings hielt sie sich politisch bis Mitte der Dreißigerjahre auffällig zurück. Erst 1937/38, in Zusammenhang mit dem Spanischen Bürgerkrieg, nutzte sie ihr Prestige, um Gelder für die Internationalen Brigaden zu sammeln und zu Solidarität mit den spanischen Republikanern aufzurufen, die (letztlich vergeblich) gegen die Frankisten kämpften. Baum wurde Mitglied des Exil-PEN-Clubs, spendete Geld an den Jewish Welfare Fund und den European Film Fund, um geflo-

Vicki Baum in New York

hene Filmschaffende zu unterstützen, und griff zahlreichen exilierten Bekannten und Freunden finanziell unter die Arme. Politischen Gruppierungen schloss sie sich jedoch nicht an, und erst 1942 – nach Kriegseintritt der USA – trat sie wieder in der Öffentlichkeit auf, um amerikanische Kriegsanleihen verkaufen zu helfen und den Kampf der Vereinigten Staaten gegen den Faschismus zu unterstützen. All das geschah jedoch offenbar mehr aus Pflichtgefühl denn aus Überzeugung. Nachdem Vicki Baum im Mai 1942 vor dem New World Club zu jüdischen Exilanten aus Deutschland und Österreich gesprochen hatte, schrieb sie polemisch an ihren Mann:

> Diese Woche war ich eingefangen worden, zwei Mal zu den deutschen Juden zu reden, was genug ist, um einen Nazi aus einem zu machen. Schrecklich![41]

Offenbar identifizierte sich die Autorin, die bereits 1938 amerikanische Staatsbürgerin geworden war, kaum mit dem Schicksal der deutschsprachigen jüdischen Exilanten und empfand auch kein Bedürfnis, die Verbindung zur deutschen Kultur mittels persönlicher Kontakte aufrechtzuerhalten, die über bestehende Freundschaften hinausreichten. Viel wichtiger war es ihr, Teil der amerikanischen Gesellschaft und Nation zu werden. Insofern lag es nahe, dass sie die deutsche Sprache bald hinter sich ließ. Nur mit ihrem Mann und mit einigen engen Freunden sprach sie Deutsch (allerdings durchsetzt mit englischen Begriffen und Redewendungen). Seit Beginn der Vierzigerjahre veröffentlichte sie nur noch in englischer Sprache – auch deshalb, weil sie mit den Übersetzungen ihrer deutschsprachigen Bücher immer unzufriedener war, je länger sie in den USA lebte.

Neue Sprache, neue Gedanken

Während es für Schriftsteller eher ungewöhnlich war, die Sprache des Exillandes so vollständig und vorbehaltlos zu übernehmen, wie Vicki Baum es tat, erlebten zahlreiche Wissenschaftler die Herausforderung, in einer neuen Sprache zu arbeiten, als professionellen Gewinn. So etwa der marxistische Volkswirtschaftler, Philosoph und Kulturwissenschaftler Otto Neurath (geboren 1882 in Wien, gestorben 1945 in Oxford), der 1940 über die Niederlande nach England geflohen war: Gegenüber einem ebenfalls geflüchteten Bekannten, der Mühe mit der englischen Sprache hatte, stellte er fest, er schreibe gern auf Englisch, denn „[f]ür wissenschaftliche Zwecke ist es besser". Die englische Sprache sei schlichter und zwinge dazu, sich verständlich auszudrücken, anstatt lange, komplizierte Sätze zu bauen, wie es im Deutschen üblich sei. Neurath war Mitglied des sogenannten Wiener Kreises, der sich in den Zwanzigerjahren zusammengefunden hatte, um die neuesten wissenschaftlichen Erkenntnisse mithilfe der formalen Logik zur Grundlage einer empirisch begründeten Weltanschauung zu machen. Dazu sollte eine wissenschaftliche Einheitssprache entwickelt werden. Vor diesem Hintergrund lag es nahe, dass Neurath um eine verständliche Ausdrucksweise bemüht war; die Umstellung auf das Englische, die sich aus der Exilsituation ergab, kam ihm sehr entgegen.[42] Ähnlich meinte Karl Löwith, ihm sei erst im amerikanischen Exil aufgefallen, „dass viele berühmte deutsche Bücher sehr schlecht geschrieben und gedacht sind".[43] So konnte die Exilerfahrung auch dazu führen, dass man die eigene Sprache – das vermeintlich Selbstverständliche schlechthin – zu hinterfragen und damit auch das eigene Denken aus einer neuen Perspektive zu reflektieren begann.

Sprache und Identität

Eng mit der Sprache verknüpft war die nationalkulturelle Identität, die durch das Exil herausgefordert wurde. Die Sprachnation war gespalten in „uns Deutsche" und „die anderen Deutschen", die in Deutschland geblieben waren und die nationalsozialistische Politik direkt oder indirekt, aktiv oder passiv unterstützten und mittrugen. Für viele Flüchtlinge ergab sich daraus der Anspruch, das „wahre" Deutschland im Exil am Leben zu erhalten. Der Schriftsteller Lion Feuchtwanger sagte dazu:

> Man glaubte, dass jene, die aus ihrem Heimatland vertrieben worden waren, auserwählt seien, die Barbaren, die davon Besitz ergriffen hatten, zu vertreiben.[44]

Sehr deutlich wird dieses Selbstverständnis auch in einem Brief Thomas Manns an den Rektor der Universität Bonn. Mann war 1936 die ihm 1919 verliehene Ehrendoktorwürde aberkannt worden. Darauf erwiderte er:

> Der einfache Gedanke daran, wer die Menschen sind, denen die erbärmlich-äußerliche Zufallsmacht gegeben ist, mir mein Deutschtum abzusprechen, reicht hin, diesen Akt in seiner ganzen Lächerlichkeit erscheinen zu lassen. Das Reich, Deutschland soll ich beschimpft haben, indem ich mich gegen sie bekannte! Sie haben die unglaubwürdige Kühnheit, sich mit Deutschland zu verwechseln![45]

Seine Identität ließ sich Mann nicht von den Nationalsozialisten definieren. „Solange ich lebe aber, und selbst als Bürger der neuen Welt, werde ich ein Deutscher sein", sagte er 1940, und dieses Deutschsein definierte sich ganz wesentlich über den künstlerischen Umgang mit der deutschen Sprache.[46]

Widerstand aus der Ferne – Politisches Engagement

Im Sinne der Verantwortung für das „wahre" Deutschland bemühten sich viele, vor allem politische Flüchtlinge darum, vom Exil aus den Widerstand gegen die Nationalsozialisten fortzusetzen, den Sturz des Regimes zu beschleunigen und anderen Verfolgten zu helfen. Dazu sammelten und überwiesen sie Geld, vermittelten Kontakte, Informationen und Empfehlungsschreiben und stellten Bürgschaften (*affidavits*) aus, die nötig waren, um ein Visum zu erhalten. Prominente Namen waren hier sehr nützlich. Katia und Thomas Mann, Albert Einstein, Carl Zuckmayer (geboren 1896 in Nackenheim, gestorben 1977 in Visp, Schweiz) und viele andere vergaben nach ihrer Ankunft in den USA Bürgschaften an Bekannte, schrieben amerikanischen Behörden und versuchten ihren Einfluss geltend zu machen, um die Visagewährung zu beschleunigen. Stefan Zweig etwa bat den brasilianischen Außenminister persönlich um Hilfe und spendete die Einnahmen von Lesungen an Hilfsorganisationen für Exilanten.

Parallel zu dieser konkreten Hilfe für Freunde, Bekannte und Unbekannte engagierten sich viele intellektuelle Exilanten in kulturellen Organisationen und politischen Vereinigungen. Dabei mussten sie sich nicht selten gegen die Vereinnahmung von Anhängern des Nationalsozialismus wehren. In fast allen Exilländern gab es NS-nahe Gruppen und Organisationen, die das „Deutschtum im Ausland" zu stärken suchten und prodeutsche Propaganda betrieben. Um gegen diese Positionen anzugehen, der internationalen Öffentlichkeit ein besseres

Bild von der deutschen Situation zu vermitteln und sie um Unterstützung zu bitten, verfassten Exilanten Zeitungsartikel und Flugschriften, veranstalteten Informationsveranstaltungen und Vorlesungsreihen und organisierten Ausstellungen. Die American Guild for German Cultural Freedom, in der prominente Amerikaner und deutschsprachige Exilanten unter Leitung von Hubertus Prinz zu Löwenstein (geboren 1906 in Schönwörth, Tirol, gestorben 1984 in Bonn) zusammenarbeiteten, war eine der wichtigsten Dachinstitutionen für solche Aktivitäten. Neben ihrer Veranstaltungstätigkeit sammelte die Vereinigung Spenden und vergab Stipendien und Druckkostenzuschüsse an exilierte Künstler, um ihnen die Fortsetzung ihrer Arbeit zu ermöglichen. Außerdem stellte die Gilde einen Ersatz für die deutschen Akademien der Künste und Wissenschaften dar, die sich seit 1933 ihrer „unerwünschten" Mitglieder entledigt hatten.

„Der Aufbau"

Neben der Gründung von politischen Gruppen spielte die Etablierung von Zeitschriften und Zeitungen eine wichtige Rolle in der politischen, sozialen und kulturpolitischen Arbeit der Exilanten. Eine der bekanntesten Publikationen dieser Art war die in New York erscheinende deutsch-jüdische Zeitung *Aufbau-Reconstruction* (kurz *Aufbau*).

Seit Kriegsbeginn berichtete der *Aufbau*, der sich als überparteilich verstand, vor allem über zwei große Themenkomplexe: Zum einen über aktuelle politische Entwicklungen und jüdische Belange im zionistischen Sinne, zum anderen über praktische Fragen des alltäglichen Lebens in den USA, um die Integration der Exilanten zu erleichtern und ihnen den American way of life näherzubringen. Programmatisch definierte sich die Zeitung als eine „unabhängige Wochenzeitung, die der Amerikanisierung und den Interessen aller Immigranten dient und ethnische Intoleranz bekämpft".

Seit Anfang der Vierzigerjahre nahm die Berichterstattung über die Verfolgung und Ermordung der europäischen Juden wachsenden Raum ein. Ab November 1942 druckte der *Aufbau* Suchlisten des Ro-

„Der Aufbau“

Der *Aufbau* war seit Anfang 1934 das interne, monatlich erscheinende Mitteilungsblatt des German Jewish Club, in dem Informationen über New York, Hinweise zu Wohnungs- und Arbeitssuche, Gesundheits-, Ernährungs- und Erziehungsproblemen sowie Hilfe bei bürokratischen Herausforderungen zirkuliert wurden. Werbeanzeigen und Annoncen vervollständigten die Zeitung. Mit der rasant steigenden Zahl deutsch-jüdischer Flüchtlinge, die in der zweiten Hälfte der Dreißigerjahre nach New York kamen, gewann der *Aufbau* an Bedeutung und Leserschaft. Es wurde ein prominent besetzter Beirat eingesetzt, dem u. a. Paul Tillich, Thomas Mann, Albert Einstein und Lion Feuchtwanger angehörten. Auf Initiative des ehemaligen Ullstein-Redakteurs Manfred George (geboren 1893 in Berlin, gestorben 1965 in New York City) verwandelte sich der *Aufbau* 1939 zu einer deutschsprachigen Wochenzeitung, deren Auflage von 10 000 im Oktober 1940 auf 32 000 im Jahr 1944 stieg.

ten Kreuzes sowie Namenslisten von Deportierten ab, um Angehörigen und Freunden Gewissheit über deren meist tödliches Schicksal zu geben. Kommentiert wurden die Ereignisse in den Kolumnen, Artikeln und Interviews bekannter Journalisten und Schriftsteller wie Oskar Maria Graf, Stefan Zweig, Franz Werfel und Alfred Kantorowicz. Die Leserschaft beschränkte sich bald nicht mehr auf die New Yorker Exilanten. Deutschsprachige Flüchtlinge in allen Teilen der Welt lasen den *Aufbau*, der als eine der verlässlichsten Quellen über die aktuellen Entwicklungen galt und wegen seiner anspruchsvollen Beiträge sowie des hohen Informations- und Unterhaltungswerts („Kurzberichte aus Palästina“, „Jüdische Chronik“ und „The kitchen front“) geschätzt wurde.[47]

Eine der regelmäßigen Beitragenden des *Aufbau* war Hannah Arendt (geboren 1906 in Hannover, gestorben 1975 in New York City). Die Philosophin war in einer säkularen jüdischen Familie in Königsberg aufgewachsen und hatte bei Martin Heidegger und Karl Jaspers studiert. Anfang der Dreißigerjahre lebte sie mit ihrem ersten

Ehemann, Günther Stern (alias Günther Anders) in Berlin, wo sie mit linksorientierten Künstlern und Intellektuellen verkehrte. Ihr Judentum erkannte sie als ein eminent politisches Problem und begeisterte sich für den Zionismus. Deshalb und aufgrund ihrer Hilfe für verfolgte Kommunisten musste sie 1933 aus Deutschland fliehen. Über Prag gelangte sie nach Paris, wo sie u. a. für die Jugend-Alijah arbeitete, die jüdische Kinder nach Palästina brachte. Generell wurde die tägliche Arbeit der zahlreichen Hilfsorganisationen, die sich für Exilanten und Verfolgte einsetzten, ganz wesentlich von Frauen geleistet.

Seit 1937 (dem selben Jahr, in dem sie ausgebürgert wurde) konnte Hannah Arendt wieder wissenschaftlich arbeiten. Sie hielt Vorträge und beendete ihr Buch über Rahel Varnhagen. Dabei handelte es sich um die Lebensgeschichte einer deutschen Jüdin aus der Romantik, wie es im Untertitel heißt. In der Studie setzte sich Arendt mit der Assimilation des deutschen Judentums und der Selbstverortung jüdischer Individuen in der antisemitischen Mehrheitsgesellschaft auseinander – also mit einem Problem, das unmittelbar die gegenwärtigen politischen Entwicklungen wie auch ihre eigene Biographie berührte. Nebenher arbeitete sie für die Jewish Agency of Palestine und einen Suchdienst für internierte Deutsche und Österreicher in Frankreich. 1940 wurde Arendt selbst interniert. Die Inhaftierung im Lager Gurs empfand sie als vollständige Entrechtung – eine Erfahrung, die ihre philosophische Arbeit nachhaltig prägte. Nach einigen Monaten konnte sie aus dem Lager fliehen und mit ihrer Mutter und ihrem zweiten Ehemann, Heinrich Blücher, den sie in Paris kennengelernt hatte, über Lissabon in die USA entkommen.

In New York schrieb sie Kolumnen für jüdische Zeitschriften. Mit ihren Artikeln wollte sie die jüdische Öffentlichkeit für die politischen Probleme und Herausforderungen der Gegenwart sensibilisieren, sie für den Zionismus gewinnen und von der Bedeutung einer eigenen jüdischen Armee überzeugen. Die zionistischen Ziele, für die sie eintrat, entsprachen jedoch nur bedingt dem religiös begründeten Zionismus, den viele Juden in den Vereinigten Staaten bejahten: Sie glaubte nicht an die „Auserwähltheit“ des jüdischen Volkes und setzte sich für einen föderativen jüdischen Staat in Palästina ein, der allen Bewohnern gleiche Rechte gewähren sollte. Hannah Arendt scheute sich außerdem nicht, das Verhalten der jüdischen Flüchtlinge im Exil zu kritisieren. Ihr in der Einführung zitierter Artikel „We Refugees“ (vgl. S. 11–12), den sie 1943 in einer jüdischen Zeitschrift veröffentlichte, ist charakteristisch für die Offensivität, mit der sie ihren Standpunkt vertrat. In dem Artikel warf sie den jüdischen Exilanten vor, dass sie das ihnen widerfahrene Unrecht zu bereitwillig verdrängten und sich zu sehr auf die Bewältigung des Exilalltags konzentrierten. Um sich möglichst reibungslos in die Gesellschaft des Gastlandes einzufügen, seien sie bereit, die eigene Diskriminierung und Verfolgung eilfertig zu akzeptieren. Mit dieser Anklage verbunden war eine generelle Kritik am Verhalten der europäischen Juden, die mit ihrer ausgeprägten Assimilationsbereitschaft versucht hätten, gesellschaftliche Anerkennung zu finden; darüber hätten sie ihre Identität eingebüßt, meinte Arendt. Ihr zum Teil polemischer Beitrag brachte der Autorin empörte Kritik aus den Kreisen des jüdischen Exils ein. Viele hielten es moralisch für verwerflich, zu einer Zeit, da die Juden Europas verfolgt und ermordet wurden, deren Verhalten zu kritisieren oder gar zu suggerieren, sie trügen eine Mitverantwortung an ihrem Schicksal.[48]

Trotz dieser Spannungen arbeitete Hannah Arendt auch in den folgenden Jahren für jüdische Institutionen: Erst als Lektorin beim Schocken-Verlag und Ende der Vierzigerjahre als Geschäftsführerin der Commission on European Jewish Cultural Reconstruction. Ihr Ehemann konnte erst seit Beginn der Fünfzigerjahre an einem College unterrichten, sodass sie bis dahin allein für den Unterhalt ihrer Familie aufkam. Nachdem sie 1951 ihr berühmtes Buch *The Origins of Totalitarianism* veröffentlicht hatte, erhielt sie mehrere Gastprofessuren an renommierten amerikanischen Universitäten. 1963 erschien ihre Reportage über den Eichmann-Prozess, und 1967 übernahm sie eine Professur an der New School for Social Research.

Zwei Jahre später gab sie postum einige der Schriften Walter Benjamins heraus, mit dem sie sich während des gemeinsamen Pariser Exils angefreundet hatte. In seinem Selbstmord an der spanischen

Grenze erkannte sie sein Eingeständnis, dass er in der Neuen Welt nicht zurechtkommen würde, „[d]enn er lebte in einer Welt-Enklave aus Büchern, aus Büchern des alten Europa. Diese Bibliothek war bereits von der Gestapo konfisziert worden. Damit war zugleich der gewichtigste Teil seiner Identität konfisziert. Was sollte Walter Benjamin, Palimpsest aus Texten, ‚letzter Europäer', ‚Zettelkasten', wie er sich selbst beschreibt, in Amerika?"[49] Hannah Arendt interpretierte Benjamins Tod als eine grausame, aber letztlich frei gewählte, selbst bestimmte und daher noble Variante des Exils in einer inhumanen Zeit.

Ganz anders politisch motiviert war Anna Seghers' schriftstellerische Arbeit im mexikanischen Exil. Dort entstand ihr Roman *Das siebte Kreuz. Roman aus Hitlerdeutschland*, der das antifaschistische Bewusstsein der Leserschaft stärken sollte. Im Stil des Sozialistischen Realismus erzählt das Buch die Geschichte von sieben Männern – jeder repräsentiert eine gesellschaftliche Gruppe –, die aus einem deutschen Konzentrationslager fliehen. Der Kommandant des Lagers lässt aus Bäumen sieben Kreuze konstruieren, um die Geflohenen daranzuschlagen, wenn sie gefasst sind. Dieses Schicksal teilen sechs Flüchtlinge; nur einem, dem Kommunisten Georg Heisler, gelingt es mithilfe von Freunden und Genossen, sich zu verstecken und schließlich mit einem gefälschten Pass zu fliehen. Der Roman erschien in dem von Seghers mitgegründeten El Libro Libre-Verlag, den der kommunistische Exilant Walter Janka (geboren 1914 in Chemnitz, gestorben 1994 in Kleinmachnow) leitete. 1944 wurde der in viele Sprachen übersetzte Roman in Hollywood verfilmt; in der DDR war er Pflichtlektüre an Schulen, weil er das antifaschistische Erbe repräsentierte, auf das sich die ostdeutsche Führung berief.

Die neue Musik – Ein Politikum im Exil

Ebenfalls kommunistisch orientiert war die Exilarbeit des Komponisten Hanns Eisler (geboren 1898 in Leipzig, gestorben 1962 in Ost-Berlin). Eisler, der aus einer jüdischen Familie aus Österreich stammte, studierte Musik bei Arnold Schönberg und Anton von Webern und war in der politischen Linken der Weimarer Republik aktiv; der KPD trat er 1926 bei. Er schrieb Arbeiterlieder, Kantaten, Chöre und Orchesterwerke mit politischem Hintergrund und arbeitete mit Bertolt Brecht zusammen. Im Februar und März 1933, also kurz nach der NS-Machtübernahme, hielt er sich gerade in Wien auf. Dort erfuhr er, dass die Nationalsozialisten ein Kopfgeld auf ihn ausgesetzt hatten, weshalb er nicht mehr nach Deutschland zurückkehrte. Für Eisler als bereits anerkannten Musiker, der zahlreiche Kontakte ins Ausland hatte, stellte das Exil keine existenzielle Herausforderung dar. Aufträge und Projekte, um den Lebensunterhalt zu finanzieren, fanden sich relativ leicht und in ausreichender Zahl. In den Dreißigerjahren war Eisler beständig unterwegs – in Paris, Prag, London, Moskau und New York, um nur einige Städte zu nennen, die er bereiste.[50]

Mitte der Dreißigerjahre besuchte er mehrfach Bertolt Brecht, der nach Dänemark geflohen war, und vertonte dessen Gedichte, die sich gegen Hitler und die NS-Herrschaft, Mussolini und den Faschismus richteten. Doch nicht nur die weltpolitischen Entwicklungen, sondern auch das eigene Schicksal floss in Eislers Arbeit ein. Ein Beispiel dafür ist das 1937 entstandene Werk *Man lebt von einem Tag zum andern – Kantate im Exil.* In ihr behandelt Eisler die Vorläufigkeit des Lebens im Exil, die Unsicherheit der Exilanten und ihre Ungewissheit über die Zukunft. Im Text heißt es: „Alles lebt in Erwartung", „Niemand lebt in der Gegenwart" und „So vergeht die Zeit". Im Gegensatz zu Eislers anderen Kantaten dieser Zeit (z. B. *Kantate auf den Tod eines Genossen, Zuchthauskantate oder Kriegskantate*) erscheint die Exilkantate wenig kämpferisch. Zwar fordert sie die Exilanten auf, sich aus ihrer Passivität zu lösen („Die Freiheit bekommt man nicht geschenkt, man muss sie sich nehmen"), doch die Intonation des Stückes – die Kombination aus Zwölftontechnik und funktionaler Harmonik, die Anklänge an „volkstümliche" Weisen und der chromatisch gesetzte Schluss – weist darauf hin, dass die „Ermutigung zum Kampf" der „Nachdenklichkeit" gewichen ist.[51]

1937 war für Eisler klar, dass ein baldiges Ende des Exils unrealistisch war. Im Jahr zuvor hatten in Moskau die Schauprozesse gegen vermeintliche Stalin-Gegner, die sogenannten „Säuberungen" begonnen. Etliche von Eislers Freunden und Bekannten, die in Moskau im Exilanten-Hotel Lux wohnten, waren dadurch bedroht, und an eine Emigration in die UdSSR war nicht mehr zu denken. Unterdessen wuchs die Kriegsgefahr in Europa kontinuierlich. In dieser Situation erhielt Eisler eine Einladung der New School for Social Research sowie ein entsprechendes Visum, sodass er im April 1938 in die USA einreisen konnte. Kaum ein Jahr später kündigte die US-Regierung jedoch an, ihn zurückzuschicken, da er als bekennender Kommunist in den Vereinigten Staaten nicht gern gesehen war. Um dem zu entgehen, reiste Eisler (ähnlich wie Billy Wilder und viele andere) nach Mexiko, wo er ein Besuchervisum für die USA erhielt, mit dem er 1940 wieder ins Land gelangte. Doch der Erfolg war getrübt: Kurze Zeit später drohte ihm erneut die Verhaftung durch US-Behörden und die Abschiebung nach Europa; also floh er abermals nach Mexiko, während sich in den Vereinigten Staaten zahlreiche Fürsprecher für ihn einsetzten. Erst im Herbst 1940 erhielt Eisler ein dauerhaftes Visum, mit dem er sich in den USA niederlassen und den Prozess der Einbürgerung beginnen konnte.

In New York leitete Eisler das sogenannte „Film Music Project", das die Rockefeller Foundation mit der beachtlichen Summe von 20 000 Dollar finanzierte. Ziel des Projekts war es, die neue Musik, die Arnold Schönberg, Béla Bartók und Igor Strawinsky entwickelt hatten, „auf den Film anzuwenden". Dahinter stand das Bemühen, den „Bruch zwischen den hochentwickelten szenischen und fotografischen Techniken des Films und der im allgemeinen weit dahinter zurückgebliebenen Filmmusik" zu überwinden.[52] Eislers Beschäftigung mit der Zwölftontechnik, von der sich der Komponist zwischenzeitlich abgewandt hatte, lässt sich durchaus als politische Handlung verstehen: Im Nationalsozialismus galt die neue Musik als „entartet" und war verboten. Sie im Exil aufzuführen, zu analysieren und weiterzuentwickeln ließ sich als Eintreten für die künstlerische Freiheit und den Pluralismus verstehen, die das NS-Regime unterbunden hatte.

Die Befunde seiner Untersuchung fasste Eisler 1944 gemeinsam mit Theodor W. Adorno in dem Text „Komposition für den Film" zu-

Der politische Komponist Hanns Eisler

sammen; darin nahm Adorno einige Elemente seiner mit Max Horkheimer formulierten Kritik an der „Kulturindustrie" vorweg. Praktisch kam Eislers Bemühen, die Trennung zwischen „ernster" und „unterhaltender" Musik sowie die Skepsis gegenüber der modernen Musik zu überwinden, in Hollywood zum Tragen. 1942 zog der Komponist nach Santa Monica, wo er rasch fester Bestandteil der deutschsprachigen Exilgemeinde wurde und Filmmusik für Hollywood schrieb. Dabei versuchte er Stücke zu komponieren, die einem Massenpublikum, wie es die Hollywood-Filme anzogen, avangardistische Musik nahebrachten. Zugleich wollte er die amerikanische Filmindustrie davon überzeugen, dass die Verwendung moderner Musik im Film keinen kommerziellen Verlust bedeuten musste.[53] Entsprechend hält die neuere Exilmusikforschung Eisler zugute, es sei ihm gelungen, den „kritischen Impuls gegen die [amerikanische] Kulturindustrie mit dem Blick auf die Leistungen und Versäumnisse der europäischen Tradition zu verbinden".[54] So verlieh Eisler sowohl der Hollywood-Filmmusik als auch der Musikwissenschaft neue Impulse.

Neben den Aufträgen der Filmindustrie komponierte Eisler in Santa Monica zahlreiche Lieder, die in seinem berühmten *Hollywooder Liederbuch* enthalten sind, sowie einige Propagandalieder für Kurzwellensendungen des Office of War Information, die nach Deutschland ausgestrahlt wurden. An manchen dieser Lieder waren gleich mehrere Exilanten beteiligt – so etwa an dem Lied *In Sturmesnacht*, das Eisler, Adorno und Paul Dessau gemeinsam schrieben und in das sie ein Stalin-Zitat einbauten: „Die Hitler kommen und gehen, das deutsche Volk besteht." In den letzten Kriegsjahren nahm Eislers exilpolitisches Engagement ab, und die wenigen Lieder, die er noch in Kalifornien schrieb, zeigen, so die Einschätzung eines Musikhistorikers, „wie stumpf die ‚Schärfe der Emigration' geworden [war], seit der Krieg beendet und die Eingemeindung in die Kulturszene Hollywoods erfolgreich abgeschlossen [war]".[55] Ob diese Aussage auf Eisler zutrifft, dieser sich also in Los Angeles tatsächlich „entpolitisierte", ist fraglich.

Von der Person Eislers abstrahiert, weist die Aussage auf das Dilemma hin, mit dem sich viele Künstler konfrontiert sahen: Einerseits wollten sie mit ihrer Arbeit dazu beitragen, den Widerstand gegen den Nationalsozialismus zu fördern und die Existenz einer alternativen deutschen Kultur zu sichern, andererseits mussten sie schlicht und ergreifend Geld verdienen und wollten – verständlicherweise – die neuen Chancen nutzen, die sich ihnen boten.

Das Nationalkomitee Freies Deutschland

Neben kulturpolitischen Aktivitäten im weitesten Sinne gab es auch Versuche, Einfluss auf die Gestaltung der Deutschlandpolitik der jeweiligen Exilländer zu nehmen. Allerdings waren die meisten Regierungsstellen misstrauisch, was die Zusammenarbeit mit Exilanten anging, weil sie sie für nicht zuverlässig genug hielten oder sie der Spionage verdächtigten. Das war auch das Schicksal des Nationalkomitees Freies Deutschland (NKFD) und seines amerikanischen Ablegers. Gegründet wurde das Nationalkomitee im Sommer 1943 von deutschen Exilanten und Kriegsgefangenen in der UdSSR; die sowjetische Führung unterstützte das Vorhaben. Die Vertreter des Komitees sollten die deutschen Generale dazu bewegen, die Kriegshandlungen gegen die Sowjetunion einzustellen und die Besatzung der eroberten Gebiete aufzugeben. Wenn dies gelänge, würde die sowjetische Regierung einem Waffenstillstand zustimmen und mit einer deutschen Nachfolgeregierung einen Friedensvertrag schließen, ausgehend von Deutschlands Grenzen von 1937. Mit dieser Mittlerrolle übernahm das NKFD die Funktion einer deutschen Exilregierung, die sicherstellen sollte, dass Deutschland im (wahrscheinlichen) Fall einer Niederlage nicht aufgeteilt oder gar aufgelöst würde, sondern als selbstständiger Staat weiterbestünde.

Im Herbst 1943 wurde in New York mit dem Free Germany Movement ein westlicher Ableger des Nationalkomitees gegründet. Die amerikanische Regierung hielt die Gruppe für eine kommunistische, von der Sowjetunion gesteuerte Organisation und überwachte deshalb ihre Tätigkeit. Auch aus diesem Grund ließ sich die Hoffnung, das Movement könne zum Kern einer deutschen Exilregierung auf westlicher Seite werden, nicht realisieren. Hinzu kam, dass in den deutschen

Exilantenkreisen in den USA Uneinigkeit über das Nationalkomitee herrschte. Thomas Mann beteiligte sich zwar an der Formulierung einer Solidaritätserklärung, zog seine Unterschrift dann aber im letzten Moment zurück. Ihm erschien der Text zu patriotisch, und er befürchtete, die westlichen Alliierten damit zu verärgern. Dahinter stand ein grundsätzlicher Streit über die Natur des Nationalsozialismus und den angemessenen Umgang mit ihm.

Verkörpert wurde dieser Gegensatz von Bertolt Brecht auf der einen und Thomas Mann auf der anderen Seite: Brecht meinte, dass es zwei Deutschlands gebe, das der Nationalsozialisten und das ihrer Gegner. Deshalb dürfe man nicht alle Deutschen wie Feinde behandeln, sondern müsse jene unterstützen, die das „gute“ Deutschland repräsentierten. Dagegen war Thomas Mann der Ansicht, es gebe nur ein Deutschland, das beide Elemente, das „gute“ und das „schlechte“, enthalte. Da gegenwärtig offensichtlich das „schlechte“ Element überwiege, müsse Deutschland als Ganzes bekämpft werden, anstatt bestimmte Gruppen von der Kritik auszunehmen.

Das Council for a Democratic Germany

Eine Position zwischen diesen beiden Polen hatte das Council for a Democratic Germany inne, das im Mai 1944 in New York gegründet und von Paul Tillich geleitet wurde. Tillich war SPD-Mitglied und aus politischen Gründen 1933 von seiner Theologie-Professur an der Universität Frankfurt am Main entlassen worden. Noch im selben Jahr floh er in die USA, wo er am Union Theological Seminary und an der Columbia University unterrichtete. Gleichzeitig engagierte er sich exilpolitisch, schrieb im Auftrag des Office of War Information Radioansprachen, die nach Deutschland gesendet wurden, und pflegte zahlreiche Kontakte zur US-Regierung sowie zu amerikanischen Intellektuellen. Die politische Zusammensetzung des Council for a Democratic Germany orientierte sich am letzten Weimarer Parlament, um auf diese Weise die deutsche Gesellschaft vor 1933 zu repräsentieren und ein politisches Gleichgewicht zu erzielen. Geeint wurden die verschiedenen Lager innerhalb des Gremiums u.a. von ihrer Kritik am Morgenthau-Plan. Dieser, nach dem amerikanischen Finanzminister Henry Morgenthau benannte Plan sah vor, Deutschland in Zonen aufzuteilen, das Land vollständig zu deindustrialisieren und in einen ungefährlichen Agrarstaat zu verwandeln – eine Vorstellung, die selbst die entschiedensten Gegner des Hitler-Regimes ablehnten.

Im Februar 1945 spaltete sich das Council im Streit um die Krimkonferenz der Alliierten. Einige Mitglieder fanden die von Churchill, Stalin und Roosevelt getroffene Vereinbarung über die Besatzung und Kontrolle Deutschlands sowie über die materiellen Reparationen unzumutbar, während andere diese Schritte als unumgänglich für die demokratische Erneuerung akzeptierten. Mit dem Potsdamer Abkommen vom August 1945 kam es dann zum endgültigen Bruch innerhalb des Council. Diejenigen, die Sympathien für den Kommunismus hegten, weigerten sich, eine Deklaration zu verabschieden, in der jene Elemente des Abkommens kritisiert wurden, die aus deutscher Sicht nachteilig erschienen (vor allem die vorläufige Festlegung der Oder-Neiße-Linie als polnische Westgrenze). An den Konflikten innerhalb des Council zeigt sich, dass die verschiedenen politischen Positionen

Paul Tillich

Paul Tillich gilt als einer der einflussreichsten protestantischen Theologen des 20. Jahrhunderts. Nach seinem Theologie- und Philosophiestudium in Berlin, Tübingen und Halle wurde er ordiniert und war während des Ersten Weltkriegs als Feldgeistlicher tätig. Die Erfahrung des Krieges stärkte seine sozialistischen Sympathien. Er habilitierte sich 1916 und lehrte in den folgenden Jahren an verschiedenen deutschen Hochschulen. 1933 veröffentlichte er *Die sozialistische Entscheidung*, in der er sich offen gegen die Nationalsozialisten stellte. In den USA wurde er bald bekannt und war ein gefragter Redner. 1955 erhielt er eine Stelle an der Harvard University, Anfang der Sechzigerjahre ging er an die University of Chicago; hier beendete er sein dreibändiges Werk zur systematischen Theologie.

der Exilanten nicht durch die Erfahrung des Exils neutralisiert wurden. Sie existierten vielfach weiter, und zwar meist in direkter Fortsetzung der Weimarer Argumente.

Die Sozialdemokratie im Exil

Dies traf auch auf die deutsche Sozialdemokratie zu. Die SPD wurde im Juni 1933 in Deutschland verboten. Schon in den Monaten zuvor waren zahlreiche sozialdemokratische Parlamentarier verhaftet worden; diejenigen, die der Verhaftung entgingen oder entlassen wurden, flohen ins Ausland, vor allem nach Frankreich, ins Saargebiet, in die Tschechoslowakei und die Niederlande sowie nach Schweden. 1935 hatten zwischen fünf- und sechstausend Sozialdemokraten Deutschland verlassen.

Der exilierte Parteivorstand der SPD (SOPADE) – d.h. diejenigen, die nicht verhaftet worden waren, sondern ins Ausland hatten fliehen können – verlegte den Sitz der Partei im Laufe der folgenden Jahre mehrfach, um dem nationalsozialistischen Einfluss zu entgehen: von Berlin nach Saarbrücken nach Prag nach Paris nach London.

Während die Kommunisten aktiven Widerstand praktizierten, konzentrierte sich die SPD im Exil darauf, Auslandsvertretungen und Grenzsekretariate aufzubauen. Diese Stellen gaben oppositionelle Schriften heraus und schmuggelten sie nach Deutschland, um mittels einer „Offensive der Wahrheit“ den deutschen Widerstand gegen die Nationalsozialisten zu fördern und deren Macht zu unterminieren. Finanziert wurde diese Arbeit mit Mitteln, die die SPD kurz nach dem Reichstagsbrand ins Ausland transferiert hatte. Außerdem bemühten sich die exilierten Sozialdemokraten, lokale Widerstandsgruppen sowie die Zusammenarbeit mit den sozialdemokratischen Gruppen im jeweiligen Exilland zu fördern. Versuche, in Zusammenarbeit mit den exilierten Kommunisten und anderen linken Gruppen eine „Volksfront“ zu etablieren, um den Widerstand gegen Hitler zu bündeln, scheiterten an gegenseitigem Misstrauen, Meinungsverschiedenheiten und Konkurrenzkämpfen.

Unter dem Eindruck des Krieges gelang es der Exil-SPD in Großbritannien schließlich 1941, die Streitigkeiten mit ehemals konkurrierenden Linksgruppen und Gewerkschaftern zu überwinden und ein sozialdemokratisches Kartell zu begründen. Die Kommunisten waren von dieser Gruppierung allerdings ausgeschlossen, denn ihr politisches Ziel stand immer mehr im Gegensatz zur SPD-Linie: Anstatt mit revolutionären Mitteln einen sozialistischen Staat zu etablieren – so hatte das SOPADE-Ziel noch 1934 gelautet –, stellte die Parteiführung seit 1939 die Ablehnung jeder Form von Diktatur und die Begründung einer pluralistischen Gesellschaftsordnung in den Mittelpunkt ihrer Planungen für die Zeit nach Hitler.

Ein weiterer, eher unbeabsichtigter Wandel fand auf dem Gebiet der Geschlechterpolitik statt: In der Weimarer Republik war es bedingt gelungen, Teile der linken Parteien für geschlechterbedingte Ungleichheiten zu sensibilisieren und Frauen in leitende Positionen innerhalb der SPD zu wählen. Unter den Bedingungen des Exils verschob sich der innerparteiliche Einfluss wieder zugunsten der Männer. Tradierte Rollenmuster wurden gestärkt, sodass Frauen im Führungsgremium der Partei nicht vertreten waren. Insofern konnte das Exil auch neue Gräben schaffen bzw. solche erneuern, die zuvor zumindest ansatzweise überwunden worden waren.[56] Einige mögen darüber erleichtert gewesen sein, dass „die beunruhigenden Emanzipationsturbulenzen zwischen den Geschlechtern“, die in der Weimarer Republik zugenommen hatten, auf diese Weise gestoppt waren. Doch obwohl exilierte Frauen auf der offiziellen Leitungsebene fehlten, wirkten sie in den kommunistischen Parteien und kleineren linken Gruppierungen weiterhin an prominenter Stelle mit. Generell spielten sie im politischen Widerstand eine überaus wichtige Rolle: als Kuriere, Redakteurinnen von Untergrundzeitungen sowie als Agentinnen.[57]

In fast allen Ländern, in die deutschsprachige Exilanten flüchteten, entstanden sozialdemokratische Gruppierungen. Nicht all ihre Mitglieder hielten sich an die Vorgaben der SOPADE, sondern koalierten mit Splittergruppen und entwarfen ihre eigenen Programme für die zukünftige Arbeit in Nachkriegsdeutschland. Ernst Reuter war einer jener Exilanten, die sich von der offiziellen Linie der Exil-SPD distanzierten. Reuter, der zeitweise Verbindungen zum deutschen Widerstand (u.a. zu Carl Friedrich Goerdeler) und zur Gruppe *Neu Beginnen* hatte, unterstützte von der Türkei aus die Bemühungen, eine „Einheitsfront" zwischen Kommunisten und Sozialdemokraten herzustellen. Die noch 1936 formulierte Vorgabe des SPD-Vorstands, unter keinen Umständen mit den Kommunisten zusammenzugehen, verurteilte er scharf. Immerhin war diese (gegenseitige) Verweigerung von SPD und KPD einer der Gründe dafür, dass die Nationalsozialisten so problemlos die Macht hatten an sich reißen können, da es keine geschlossene Arbeiterbewegung gegeben hatte, die sich ihnen hätte entgegenstellen können. Doch aus der Einheitsfront, die Reuter im Exil propagierte, wurde nichts, und auch der Deutsche Freiheitsbund, den er 1943 mit anderen Türkei-Exilanten initiierte, hatte keinen rechten Erfolg. Ziel des Bundes war es, den deutschen Flüchtlingen eine gemeinsame Stimme zu verleihen, um mit ihrer Hilfe den Deutschen in Deutschland klarzumachen, dass sie gewillt seien, sich am Neuaufbau des Landes zu beteiligen. Reuter war überzeugt:

> Es kann nicht anders sein, als dass ein solcher Appell, eine solche Sammlung des besseren Deutschlands, wenn sie auf einer breiten Front, getragen von dem einheitlichen Willen vorurteilsloser und aufrichtiger deutscher Patrioten, erfolgt, ihre Wirkung in Deutschland haben muss.[58]

Um dieser Botschaft Gehör zu verschaffen, bat er Thomas Mann um Mithilfe. Dieser zeigte sich jedoch skeptisch und wollte sich insbesondere nicht mit jenem „deutschen Emigranten-Patriotismus" identifizieren, den er in den Bemühungen des Bundes zu spüren meinte.[59]

Obwohl der amerikanische Geheimdienst Interesse am Freiheitsbund hatte und Kontakte zu einigen seiner Mitglieder aufbaute, die zugleich OSS-Agenten waren, blieben die Aktivitäten der deutschen Professoren in der Türkei weitgehend erfolglos. Auch aus Reuters Vorhaben, eine Zusammenarbeit des Deutschen Freiheitsbundes mit dem

Council for a Democratic Germany zu etablieren, wurde nichts. Immerhin nahm der Entwurf einer deutschen Nachkriegsordnung, den sozialdemokratische und bürgerliche Mitglieder des Freiheitsbundes gemeinsam formulierten, in einigem das Nachkriegsprogramm der SPD vorweg, indem er „jenseits der alten Klassenkampfrhetorik für eine gemischte Wirtschaft und ein pluralistisches politisches System eintrat".[60]

Widerstand vom Schreibtisch aus

Parallel zu den organisierten Aktivitäten der Exilparteien und den Bemühungen neugegründeter Kreise und Gruppierungen versuchten etliche Einzelpersonen, vom Exil aus den Widerstand in Deutschland zu fördern und Einfluss auf die Gestaltung der Deutschlandpolitik des jeweiligen Exillandes zu nehmen. Ein Zentrum solcher Überlegungen war das Institute of World Research, das 1943 an der New School for Social Research gegründet wurde. Hier schrieb der Politikwissenschaftler Ernst Fraenkel (geboren 1898 in Köln, gestorben 1975 in Berlin) ein Buch über *Military Occupation and the Rule of Law*, der Verwaltungsexperte und Politologe Arnold Brecht (geboren 1884 in Lübeck, gestorben 1977 in Eutin) eine Abhandlung über *Federalism and Regionalism in Germany*. Beide Bücher fanden in der Arbeit der US-Besatzungsverwaltung Verwendung.

„Deutsche Hörer!" – Thomas Manns Radioaufrufe

Relativ gute Aussichten, noch vor Ende des Krieges an der alliierten Deutschlandpolitik mitzuwirken, hatten Prominente, die Propaganda-Material erstellten. Thomas Mann begann 1940 auf Bitte der BBC, monatliche Aufrufe an die Deutschen in Deutschland zu verfassen, um sie über das Kriegsgeschehen zu informieren und zur Abkehr vom Nationalsozialismus aufzurufen. Mann sagte zu, weil er in solchen Sendungen die Möglichkeit erkannte, auf diese Weise „hinter dem Rücken der Nazi-Regierung" Kontakt zu den Deutschen aufzunehmen.[61] Er sah in seinen Aufrufen nicht nur eine patriotische Aktivität, sondern auch eine Gelegenheit, sich wieder bemerkbar zu machen; die Nationalsozialisten hatten ihn zwar physisch vertrieben, aber sie konnten ihn nicht mundtot machen, lautete die Botschaft.

Seit Herbst 1940 schrieb Thomas Mann regelmäßig Beiträge, die stets mit der Anrede „Deutsche Hörer!“ begannen. Die Texte las er selbst. Sie wurden in Los Angeles auf Schallplatten aufgezeichnet, nach New York geflogen, dort per Telefon auf eine Schallplatte in London übertragen und von dort nach Deutschland ausgestrahlt. Unter den Nationalsozialisten galt BBC als „Feindsender“, dessen Hören mit dem Tod bestraft werden konnte; dennoch hörten viele Deutsche heimlich die britischen Nachrichten, um sich über den Kriegsverlauf zu informieren. Auf diese Weise vernahmen etliche Hörer Thomas Manns Plädoyers, sich die verbrecherischen Ausmaße des Krieges klarzumachen, seine Aussichtslosigkeit zu erkennen und Hitler nicht länger zu unterstützen. Zwar gestand sich der Autor bald ein, dass es unrealistisch sei, die Deutschen „zur Abschüttelung des Nazijoches, bevor es zu spät ist, zu ermahnen“, denn er habe eingesehen, „dass das dem deutschen Volke physisch nicht möglich ist“.[62] Umso wichtiger war es ihm, den Deutschen, die seine Sendungen hörten, das Ausmaß der Brutalität und Illegitimität der nationalsozialistischen Herrschaft klarzumachen.

Je mehr Informationen über die Verfolgung und Vernichtung der europäischen Juden in den Ghettos und Konzentrationslagern bekannt wurden, desto häufiger wies Thomas Mann in seinen Aufrufen auf diese Verbrechen hin. Im Februar 1942, als Fotos aus dem Warschauer Ghetto in westlichen Zeitungen abgedruckt wurden, sprach er ungeschönt über „die geblähten Hungerleichen der polnischen Kinder, die fürs Massengrab zusammengeschmissenen Körper der tausend und abertausend im Warschauer Ghetto an Typhus, Cholera und Schwindsucht verendeten Juden“.[63] Ein halbes Jahr später benannte er die „Ausrottung der Juden“ und berichtete von der brutalen Ermordung von mindestens 700 000 Juden in Ostmitteleuropa. „Wisst Ihr Deutsche das? Und wie findet Ihr es?“, provozierte Mann seine Hörerschaft.[64] Nur, wenn sich die deutsche Gesellschaft ernsthaft mit der in ihrem

Namen begangenen Gewalt auseinandersetze und die Verantwortung für sie übernehme, habe sie Aussicht auf einen Neubeginn, ermahnte Mann die Deutschen Anfang 1945 und warnte sie davor, dem Selbstmitleid zu verfallen.[65]

Wie viele Menschen die Aufrufe hörten und welche Wirkung sie hatten, lässt sich nur schwer ermitteln. Es ist anzunehmen, dass die Hörer vor allem jene waren, die das NS-Regime ohnehin ablehnten und sich von Mann bestärkt fühlten. Andere fanden sich vermutlich durch seine unverhohlene Kritik an der Feigheit der Deutschen und seine moralische Anklage in ihrer Abneigung gegen den Autor bestätigt.

Rückkehr in die alte Heimat

Das Ende des Zweiten Weltkriegs und der Sturz des NS-Regimes eröffneten den Exilanten prinzipiell die Möglichkeit, in ihre frühere Heimat zurückzukehren. Letztlich entschieden sich nur relativ wenige für diesen Schritt, doch einige Remigranten nahmen großen Einfluss auf die Gestaltung der beiden deutschen Nachkriegsgesellschaften.

„Messieurs, man muss zurückkehren"

Die Frage der Rückkehr in die ehemalige Heimat war in Exilantenkreisen ein Politikum. Für viele war die Idee unvorstellbar, in das Land zurückzukehren, das sie vertrieben, ihre Familien und Freunde verfolgt und ermordet hatte. Auch Angebote aus Deutschland, die während der NS-Zeit aberkannten Ämter und Würden zurückzuerhalten, schienen ihnen inakzeptabel. Albert Einstein, der 1946 von einem in Deutschland gebliebenen Kollegen aufgefordert wurde, wieder der Bayerischen Akademie der Wissenschaften beizutreten, antwortete:

> Nachdem die Deutschen meine jüdischen Brüder in Europa hingemordet haben, will ich nichts mehr mit Deutschen zu tun haben, auch nichts mit einer relativ harmlosen Akademie.[1]

Angesichts der „Erkenntnis über das volle Ausmaß des Holocaust" entschieden sich nur vier bis fünf Prozent derjenigen, die aufgrund der „rassischen" Verfolgung ins Exil geflohen waren, nach dem Krieg für die Rückkehr. „Deutschland, das war keine Heimat mehr, das war das Land der Mörder."[2]

Anders war die Situation derjenigen, die – ob offiziell jüdisch oder nicht – Deutschland aus politischen Gründen verlassen hatten. Einige von ihnen dachten bereits während des Krieges darüber nach, ob, wann und wie sie in ihre frühere Heimat zurückkehren könnten. Alfred Döblin ging im Herbst 1945 nach Deutschland und arbeitete dort für die französische Besatzungsmacht. Für ihn war immer klar gewesen, dass er sobald wie möglich zurückkehren würde, weil er im fremdsprachigen Exil keinen Erfolg hatte und beständig auf fremde Hilfe angewiesen war. Zudem spürte er eine Verpflichtung gegenüber Deutschland – wie er an seine Freunde schrieb: „Messieurs, man muss zurückkehren. Man braucht Euch!"[3]

Tatsächlich empfanden es viele Exilanten als Pflicht, sich am Aufbau eines anderen, besseren Deutschland zu beteiligen. Sie hatten bereits im Exil begonnen, Entwürfe für eine Nachkriegsordnung zu formulieren, die sicherstellen sollte, dass Deutschland nicht erneut dem Faschismus verfiel. Ernst Reuter war einer derjenigen, die noch während des Krieges begannen, ihre Rückkehr nach Deutschland vorzubereiten, um möglichst früh Einfluss auf die Neuordnung des Landes nehmen zu können.

Vom türkischen Exil aus schrieb Reuter an seine SPD-Genossen in Großbritannien, Schweden und den USA, um sie wissen zu lassen, dass er für politische Ämter zur Verfügung stünde, sobald der Krieg vorbei sei. Auf diese Weise wollte er auch verhindern, dass er vergessen würde, wenn es um die Gestaltung der Nachkriegspolitik ging. Im April 1945 bat er die amerikanische Botschaft in der Türkei, ihm eine Reiseerlaubnis für Deutschland zu erteilen. Bis er eine solche Erlaubnis erhielt, verging mehr als ein Jahr. Das änderte jedoch nichts an Reuters Überzeugung, dass die Deutschen in Deutschland „in der tiefsten Erschütterung und Not [...] Hilfe [brauchen], auch Führung und Leitung von solchen, die nicht geschwankt haben, die in sich (ich hoffe, ich darf das sagen) etwas von dem moralischen Fundament mitbringen, auf dem alleine aufgebaut werden kann". Er glaube nur „an das eine: an die Pflicht, unsere Freunde aufzusuchen und mit ihnen zusammen das neue Werk zu beginnen, heute, morgen, ehe es zu spät ist".[4]

Die Vorstellung, dass die Exilanten eine Verantwortung gegenüber den „Daheimgebliebenen" hätten und den Deutschen in ihrer Situation Unterstützung angedeihen lassen müssten, mag unverständlich erscheinen, ganz abgesehen von der für heutige Ohren pathetisch klingenden Formulierung. Doch für Politiker der Generation Reuters war der Patriotismus etwas Selbstverständliches. Ein weiterer Grund für ihr ausgeprägtes Pflichtgefühl gegenüber Deutschland war das Bewusstsein um das Ausmaß der Verbrechen, die im Namen des Nationalsozialismus begangen worden waren. Verstärkt wurde es durch die Wahrnehmung, man habe die Nationalsozialisten nicht energisch genug bekämpft und die Demokratie nicht ausreichend verteidigt. Umso dringender schien es, dass der Neuanfang gelang, und deshalb galt es, die persönlichen Erfahrungen und Verletzungen zurückzustellen und sich ganz „der Sache“ zu widmen.

Reuter erhielt im Sommer 1946 die Genehmigung des britischen Foreign Office, nach Deutschland zurückzukehren. Anfangs erwog er, in die sowjetisch besetzte Zone zu gehen, deren Politik am weitesten mit seinen eigenen politischen Auffassungen übereinzustimmen schien. Angesichts der Zwangsvereinigung von Sozialdemokraten und Kommunisten entschied er sich jedoch dagegen und kehrte im November 1946 nach Hannover zurück, wo die provisorische SPD-Zentrale unter Kurt Schumacher ihren Sitz hatte. Von dort aus begann Reuter seine Rückkehr in die deutsche Politik, bis er 1948 das Amt des Regierenden Bürgermeisters von West-Berlin übernahm.

Rückkehr in eine fremdgewordene Gesellschaft

Diejenigen, die aus ihrem Exil ins weitgehend zerstörte Nachkriegsdeutschland zurückkamen, fanden vielfach chaotische Bedingungen vor. Die politische Lage war aufgrund der Viermächtepolitik und der Teilung Deutschlands überaus kompliziert. Außerdem ergaben sich häufig Probleme durch die Staatenlosigkeit bzw. die in der Zwischenzeit veränderte Staatsangehörigkeit der Exilanten. Unter diesen Umständen mussten sich jene Flüchtlinge, die an eine Rückkehr in ihre frühere Heimat dachten, fragen, welche konkrete Hilfe sie tatsächlich leisten wollten und könnten. Arnold Brecht, ein hoher preußischer Beamter, der 1933 in die USA geflohen und dort an der New School zu einem angesehenen Politikwissenschaftler geworden war, schrieb

1946 an einen Freund, dass er prinzipiell gern am Wiederaufbau mitwirken wolle:

> Wenn ich ein Straßenbauer, ein Maschinenbauer, ein technischer Erfinder für Schuttbeseitigung oder eine Dampfwalze wäre, oder einfach ein gesunder kräftiger Mann, der gut schaufeln oder Holz hacken kann, ich wäre gekommen, mit dem ersten Boot. Wenn ich Brot aus Schutt hätte machen können und Schokolade aus alten Naziplakaten, ich wäre geflogen.

Doch als Politikwissenschaftler und Verwaltungsfachmann sah sich Brecht in Deutschland fehl am Platze, und er meinte, es sei sinnvoller, wenn er von den USA aus versuche, Einfluss auf die amerikanische Deutschlandpolitik zu nehmen.[5]

Hinzu kam die zum Teil offene Ablehnung, die den Remigranten in der deutschen Gesellschaft entgegenschlug. Thomas Mann führte 1945 mit Walter von Molo und Frank Thiess eine Kontroverse, die bezeichnend für das damalige politische Klima war. Molo und Thiess – und mit ihnen viele andere – vertraten die Auffassung, dass diejenigen, die während der Jahre 1933 bis 1945 nicht in Deutschland gelebt hätten, nicht beanspruchen könnten, über das Verhalten der Deutschen zu urteilen. Die Emigranten wüssten gar nicht, wie es „wirklich gewesen“ sei. Auch ohne das Land zu verlassen hätten sich viele Deutsche vom Nationalsozialismus distanziert, indem sie in die „innere Emigration“ gegangen seien. Darin schwang der Vorwurf an die Exilanten mit, sie hätten die Heimat im Stich gelassen und es sich mit der Flucht leicht gemacht. Thomas Mann wurde außerdem dafür kritisiert, dass er während des Krieges Aufrufe an die deutsche Bevölkerung verfasst und sich damit als intellektueller „Führer“ eines „besseren“ Deutschland profiliert habe, aber nun, nach dem Krieg, nicht zurückkommen und aktiv werden wolle.

Tatsächlich lehnte Mann die Aufforderung, nach Deutschland zurückzukehren, ab. Er glaubte, es sei „die größte Torheit“ seines Lebens, die amerikanische Staatsbürgerschaft und alles, was er sich in

Kalifornien erarbeitet habe, aufzugeben, „um nach dem verwüsteten Deutschland eilen“. Er fürchtete, er müsse sich in Deutschland „zum Bannerträger einer mir noch ganz schleierhaften neudeutschen, geistigen Bewegung“ machen lassen und sich in der Politik engagieren, was ihn über kurz oder lang zermürben und ruinieren werde; dafür wollte er sich nicht opfern.[6] Mann betonte, dass er bereit gewesen wäre, nach Deutschland zurückzugehen, wenn die Deutschen ihren Fehler früher begriffen und gehandelt hätten. Die Vorstellung jedoch, einer Gesellschaft beim Neubeginn zu helfen, die ihn vertrieben und zwölf Jahre lang das NS-Regime gestützt hatte, war ihm zuwider. Einige Jahre später kehrte er zwar als Besucher nach Deutschland zurück, aber er ließ sich nicht politisch vereinnahmen. Dass er seinen letzten Wohnsitz in der Schweiz nahm, war Ausdruck seiner skeptischen Distanz gegenüber den Deutschen, die er bis zu seinem Tod bewahrte.

Remigranten zwischen Ost und West

Nach vielen Jahren im Ausland in eine tief gespaltene, von Krieg und Misstrauen gezeichnete und noch dazu NS-belastete Gesellschaft zurückzukommen und sich wieder einzufinden, war eine große Herausforderung, doch sie gelang einigen Exilanten gegen alle Widerstände. Für diejenigen, die wieder in ihrer Muttersprache schreiben und veröffentlichen wollten, war es naturgemäß reizvoll, nach Deutschland zurückzukehren. Bezeichnenderweise war die Zahl der Schriftstellerinnen, die zurückgingen, weit höher als die der Remigrantinnen insgesamt. Für Frauen, denen es im Exil gelungen war, ihre berufliche Qualifikation zu nutzen oder zu erweitern, schien eine Rückkehr nach Deutschland (insbesondere in die geschlechterpolitisch konservative Bundesrepublik) nur bedingt sinnvoll.

Insgesamt zeigte sich die DDR offener für Rückkehrer – nicht zuletzt, weil sich die SED von ihnen eine moralische Legitimation ihrer Herrschaft erhoffte. Unabhängig davon, ob die Remigranten dieses Ziel teilten oder nicht, hatten sie in der DDR bessere Chancen, berufliche Positionen zu erhalten, die ihrer Qualifikation angemessen waren. Etliche Exilanten hatten Vorbehalte gegenüber dem westdeutschen Staat, in dem es ehemaligen Nationalsozialisten vergleichsweise leicht gelang, ihre Karrieren unbehelligt fortzuführen. Dagegen bejahten sie die sozialistische, antifaschistische Politik der DDR zumindest im Grundsatz und zeigten sich gegenüber dieser Variante des Neuanfangs viel aufgeschlossener. Um ein Beispiel zu nennen: Von den 28 emigrierten Historikern, die nach Deutschland zurückkamen, gingen 22 in die DDR, nur sechs hingegen in die Bundesrepublik.

Etwa die Hälfte der 6000 Sozialdemokraten, die ins Ausland geflohen waren, kehrte nach Kriegsende nach Deutschland zurück, und zwar überwiegend in die westlichen Zonen. Innerhalb der westdeutschen SPD verfügten die Remigranten über großen Einfluss: In den Vierziger- und Fünfzigerjahren hatten sie mehr als die Hälfte der Sitze im Parteivorstand inne.[7] In der DDR war der Einfluss der aus dem Moskauer Exil zurückgekehrten Kommunisten bestimmend: Walter Ulbricht (geboren 1893 in Leipzig, gestorben 1973 in Ost-Berlin) übernahm den Posten des Ersten Sekretärs des Zentralkomitees der SED und wurde Staatsratsvorsitzender. Karl Maron (geboren 1903 in Berlin, gestorben 1975 in Ost-Berlin) war erst als Chefredakteur der Zeitung *Neues Deutschland* und später als Innenminister tätig. Otto Winzer (geboren 1902 in Berlin, gestorben 1975 in Ost-Berlin) wurde Außenminister, und Wilhelm Pieck (geboren 1876 in Guben, gestorben 1960 in Ost-Berlin) war Mitbegründer der SED und erster Präsident der DDR.

Familiäre Bedenken

Stand für überzeugte Parteifunktionäre außer Frage, dass sie nach Deutschland zurückkehren und sich am Neuaufbau beteiligen würden, fiel es der Mehrheit der Exilanten viel schwerer, sich zur Remigration zu entschließen. Dies traf besonders auf Familien mit Kindern zu. Vielen Kindern von exilierten Eltern fehlte der Bezug zu Deutschland, und sie schienen bessere Möglichkeiten in jenem Land zu haben, in dem sie aufgewachsen waren. Hajo Holborn schrieb 1946:

> Unsere Kinder sind amerikanische Kinder. Sie haben all ihre prägenden Jahre in diesem Land verbracht, und wenn wir nach Deutschland zurückgingen, würden sie zu Exilanten. Da wir wissen, was das bedeutet, möchten wir ihnen diese Erfahrung ersparen.[8]

Jene Kinder, die doch mit ihren Eltern zurückgingen, fühlten sich häufig fremd. Marion Flechtheim, die Tochter von Ossip K. Flechtheim, störte, dass die deutsche Schule „sehr obrigkeitstreu“ und weit weniger offen und demokratisch war als das amerikanische System, das sie kannte.[9] Dass sie als erste Sprache Englisch und erst bei der Rückkehr ihrer Eltern nach Berlin Deutsch gelernt hatte, erschwerte ihre Integration.

Neue Freundschaften, feste Arbeitsstellen, eigene Unternehmen und kulturelle Verbindungen trugen dazu bei, dass das Exil seine Qualität als Provisorium verlor und über die Jahre zu einer neuen Heimat wurde, die zwar in vielem fremd blieb, aber letztlich vertrauter war als die alte. Die beruflichen Bedingungen der Geflüchteten verbesserten sich mit dem wirtschaftlichen Aufschwung, den viele Länder in der Nachkriegszeit erlebten, erheblich. In den USA kam hinzu, dass der Antisemitismus, der in den späten Dreißiger- und frühen Vierzigerjahren etliche Einstellungen verhindert hatte, zunehmend diskreditiert wurde, was die Chancen jüdischer Bewerber an Firmen und Hochschulen verbesserte.

Unfreiwillige Remigration – Der Antikommunismus in den USA

Auf der anderen Seite konnten Veränderungen der politischen Situation im Gastland dazu führen, dass Exilanten, die gar nicht an Rückkehr dachten, ihr Exilland wieder verließen. Das war vor allem in den frühen Fünfzigerjahren der Fall, als in den USA eine antikommunistische Bewegung einsetzte und Tausende von Menschen ihre Stellen verloren, weil sie verdächtigt wurden, dem Kommunismus nahezustehen und „unamerikanische“ Ideen zu vertreten. Die geringste Zahl der Betroffenen waren überzeugte Kommunisten. Bei den meisten handelte es sich um Personen, die zwar linksgerichtete Positionen vertraten oder einmal vertreten hatten, keineswegs aber versuchten, den amerikanischen Staat zu unterminieren, wie die antikommunistische Propaganda von Senator Joseph McCarthy behauptete. Er initiierte eine Gesetzgebung, die es öffentlichen Einrichtungen vorschrieb, ihre Mitarbeiter auf ihre politische „Zuverlässigkeit" hin zu überprüfen. Etliche Firmen, Organisationen, Hochschulen und andere Einrichtungen nahmen solche Prüfungen freiwillig vor, um sich gegen mögliche Anschuldigungen zu schützen, dass sie Kommunisten beherbergten und folglich selbst kommunistisch seien. Die US-Geheimdienste bespitzelten „Verdächtige" und versuchten „Geständnisse" zu erpressen. Das amerikanische Abgeordnetenhaus veranstaltete Anhörungen vor dem sogenannten House Un-American Activities Committee, vor dem vermeintliche Kommunisten aussagen mussten. Viele deutsche Exilanten gerieten ins Visier der Antikommunisten und wurden vom Federal Bureau of Intelligence (FBI) bespitzelt – so auch Erika Mann, die deshalb 1952 die USA verließ.

Bereits während des Krieges war Erika Mann als Presseoffizierin der US-Armee nach Ägypten, Persien, Palästina und gegen Kriegsende nach Frankreich, Belgien und Deutschland gereist. Später hatte sie für die amerikanische Presse über die Nürnberger Prozesse berichtet. An eine vollständige Rückkehr nach Deutschland dachte sie jedoch nicht, sondern versuchte, die amerikanische Staatsbürgerschaft zu erlangen. Dass sie 1947 von der US-Regierung für ihre Verdienste während des Krieges ausgezeichnet wurde, musste ermutigend wirken. Doch kurze Zeit später veränderten sich die innenpolitischen und familiären Bedingungen dramatisch. Ihr Bruder Klaus, mit dem sie eine überaus enge Beziehung verband, nahm sich 1949 das Leben. Gleichzeitig intensivierten sich die öffentlichen und geheimdienstlichen Verdächtigungen über ihre politische und sexuelle Orientierung. Das FBI hatte schon 1943 ein Dossier über sie angelegt, dessen Inhalt ihre Bemühungen um Einbürgerung behinderte. Unterdessen wurde sie in der Bundesrepublik als „kommunistische Agentin" diffamiert. Der Umzug in

Anna Seghers spricht 1949 bei der Goethefeier in Moskau.

die Schweiz erschien in dieser Situation der einzige Ausweg. Dort wirkte Erika Mann als Assistentin ihres Vaters und nach dessen Tod als Nachlassverwalterin.[10]

Wie Erika Mann hatten viele linksorientierte Exilanten Schwierigkeiten, ihre Arbeitsverträge zu verlängern oder die amerikanische Staatsbürgerschaft zu erhalten. Die Rückkehr in die frühere Heimat bedeutete deshalb für einige eine Art zweite Flucht. Das gilt besonders für den Komponisten Hanns Eisler, der den amerikanischen Behörden aufgrund seines offenen Bekenntnisses zum Kommunismus schon lang ein Dorn im Auge war. Ab 1947 wurde er mehrfach verhört. Zuvor hatte ihn seine Schwester, Ruth Fischer – eine ehemals führende Kommunistin, die in der Emigration zur scharfen Antikommunistin geworden war –, in mehreren Artikeln als Agent der Komintern bezeichnet. Obwohl Eisler öffentliche Unterstützung von Prominenten wie Charlie

Chaplin, Aaron Copland, Pablo Picasso und Albert Einstein erhielt und sogar ein Committee for Justice for Hanns Eisler gegründet wurde, musste er sich im März 1948 der amerikanischen Einwanderungsbehörde fügen, die seine „freiwillige" Ausreise anordnete. Eisler ging erst nach Wien, dann nach Ost-Berlin. Hier stellte er sich und seine Arbeit ganz in den Dienst des in der Entstehung begriffenen sozialistischen Staates. Er beteiligte sich an der Gründung der Deutschen Akademie der Künste und lehrte dort sowie an der Hochschule für Musik. Für seine Dienste wurde er mit den höchsten Ehren ausgezeichnet. Als eine Erfolgsgeschichte lässt sich Eislers Wirken in der DDR allerdings kaum deuten. Nach anfänglichen Erfolgen geriet der Komponist zunehmend in Konflikt mit der Staatsmacht, die 1952 ein Opern-Libretto verbot. Größere Werke gelangen ihm danach nur noch selten.

Anna Seghers machte in der Nachkriegszeit eine ähnliche prominente Karriere in der DDR, doch die Grundvoraussetzung war eine andere: Sie war freiwillig und aus Überzeugung in die sowjetische Zone zurückgekehrt, um am Aufbau eines antifaschistischen deutschen Staates mitzuwirken. Im mexikanischen Exil hatte sie, als überzeugte Kommunistin, einen antifaschistischen Literaturkreis geleitet, die Zeitschrift *Freies Deutschland* herausgegeben und zwei Romane geschrieben. Seit 1947 lebte sie wieder in Ost-Berlin. Dort übernahm sie den stellvertretenden Vorsitz des Kulturbunds zur demokratischen Erneuerung Deutschlands, war Gründungsmitglied der Deutschen Akademie der Künste und trat der SED sowie dem Weltfriedensrat bei. Ende der Vierzigerjahre reiste sie in die Sowjetunion und nach Polen. Für ihre künstlerische und kulturpolitische Arbeit wurde sie vielfach ausgezeichnet: Den Nationalpreis der DDR erhielt sie 1951, 1959 und 1971, den Stalin-Friedenspreis 1951, und die Universität Jena verlieh ihr 1959 die Ehrendoktorwürde.

Mit ihrer Exilvergangenheit trug Anna Seghers dazu bei, die politische Legitimität der DDR zu stärken. Schließlich benötigte der ostdeutsche Staat prominente Fürsprecher, um sich nach innen und außen als das „bessere Deutschland" gegen die Bundesrepublik behaupten zu können, deren Vertreter die Existenzberechtigung der DDR ebenso infrage stellten wie ihren Anspruch, der „wahre" deutsche Staat zu sein. Diese staatliche Inanspruchnahme des authentischen Antifaschismus, den die Remigranten verkörperten, sollte jedoch nicht darüber hinwegtäuschen, dass viele von ihnen von der Entwicklung enttäuscht waren, die die DDR nach den Anfangsjahren nahm.

Zwischen allen Stühlen

Über alle politischen Konflikte hinweg fanden sich diejenigen, die tatsächlich nach Deutschland zurückkehrten, mit einer Vielzahl von Herausforderungen konfrontiert. Ganz grundsätzlich stellte sich die Frage, in was für eine Heimat sie eigentlich zurückkehrten. Carl Zuckmayer, der 1958 aus dem amerikanischen Exil in die Schweiz ging, schrieb später, es gebe für die Remigranten keine Heimkehr im eigentlichen Sinne.

> Die Fahrt ins Exil ist „the journey of no return". Wer sie antritt und von der Heimkehr träumt, ist verloren. Er mag wiederkehren – aber der Ort, den er dann findet, ist nicht mehr der gleiche, den er verlassen hat, und er ist nicht mehr der gleiche, der fortgegangen ist. Er mag wiederkehren, zu Menschen, die er entbehren musste, zu Stätten, die er liebte und nicht vergaß, in den Bereich der Sprache, die seine eigene ist. Aber er kehrt niemals heim.[11]

Der Schriftsteller Hans Sahl, der in die USA emigriert war, reiste Anfang der Fünfzigerjahre nach West-Berlin. Der Entschluss dazu kam eher zufällig, weil seine New Yorker Wohnung gekündigt worden war, wie er in seinen Memoiren schrieb – ein Zeichen dessen, wie „heimatlos" er selbst nach mehreren Jahren in den Vereinigten Staaten geblieben war. In Berlin arbeitete Sahl als Journalist und versuchte, „die politische Entfremdung von dem Land meiner Geburt zu überwinden". Allerdings konnte er, der auch in New York aufgrund seiner politischen Ansichten ein Außenseiter gewesen war, nicht recht Fuß fassen. Dass er schließlich in die USA zurückkehrte, war Ausdruck seines

Erwin Piscator

Wie viele seiner Generation fand Erwin Piscator, der vor dem Ersten Weltkrieg in München studiert hatte, 1918/19 zum Kommunismus. In Berlin schloss er sich den Dadaisten an, organisierte Theateraufführungen für die Arbeiterschaft und gründete das „proletarische theater". Mitte der Zwanzigerjahre übernahm er die Leitung der Berliner Volksbühne, an der er einen eigenen Inszenierungsstil entwickelte, der Film und Text in die Theateraufführung integrierte; diese Arbeit führte er an der 1927 gegründeten Piscator-Bühne weiter. 1931 übersiedelte er nach Moskau, um einen Film zu drehen; aufgrund der nationalsozialistischen Machtübernahme wurden daraus fünf Jahre. Als sich Piscator 1936 in Paris aufhielt, erfuhr er von seiner drohenden Verhaftung in Moskau und blieb daher in Frankreich; zwei Jahre später reiste er weiter in die USA. In New York gründete er den Dramatic Workshop an der New School, an dem er u. a. Marlon Brando und Tennessee Williams unterrichtete. Er verließ die USA, um einer Anklage wegen „kommunistischer Tendenzen" zu entgehen.

Versuchs, „der Alternative zwischen zwei Provisorien ein Ende zu machen, indem ich mich für das entschied, was mir vertrauter geworden war" – und das waren die Vereinigten Staaten. Dort arbeitete Sahl als Übersetzer amerikanischer Literatur und schrieb für die *Neue Zürcher Zeitung*, die *Welt* und die *Süddeutsche Zeitung*. Das entlastete ihn auch von dem schlechten Gewissen, auf amerikanische Kosten zu leben, sodass er schließlich „Frieden mit Amerika" schließen konnte.[12]

Ein weiterer Punkt, an dem es zu Konfrontationen zwischen Remigranten und „Dagebliebenen" kam, war der deutsche Antisemitismus. Er verschwand nicht mit dem 8. Mai 1945, sondern lebte über Jahre und Jahrzehnte in der Bundesrepublik fort. Zwar war er bei Weitem nicht mehr so offen und aggressiv wie zuvor, aber durchaus hör- und spürbar. Alfred Döblin schrieb entsprechend 1948 an seinen Freund und Kollegen Hermann Kesten, der im amerikanischen Exil Beiträge für deutsche Zeitungen und Zeitschriften verfasste:

> Achten Sie doch bloß […], wenn Sie für Deutsche schreiben; Sie als Jude! Brauchen Sie das Wort „Jude" selten und am besten nicht. Es ist […] im Lande hier ein Schimpfwort, und ist es geblieben. Wenden Sie es also nur an, wenn Sie dem Antisemitismus wohl tun wollen. Das ist kein Spaß, aber traurig wahr. Der Antisemitismus sitzt tief und ist böser als zu unseren Zeiten.[13]

Außerdem mussten die Remigranten einen Weg finden, im Alltag und in der Deutung des eigenen Lebenswegs mit den Erfahrungen der Verfolgung, der Bedrohung und des Exils umzugehen. Einige wollten selbst nicht viel über ihre Zeit im Exil sprechen, die von Angst und Unsicherheit geprägt war; wichtiger erschien ihnen der Neuanfang. Gleichzeitig hatten viele Westdeutsche kein großes Interesse bzw. vielmehr ein ausgeprägtes Desinteresse an den Erfahrungen der Rückkehrer und verschlossen sich ihren Berichten, die sie häufig als Anklage empfanden. Für den berühmten Regisseur Erwin Piscator (geboren 1893 in Ulm (Hessen), gestorben 1966 in Starnberg), der 1951 nach Deutschland zurückkehrte, stellte sich die Remigration desillusionierend dar. Sie bedeutete für ihn keine Heimkehr, sondern „andauernde Emigration in Deutschland, die kalte Schulter in Deutschland".[14] Im Ausland war es ihm nicht gelungen, an seine beruflichen Erfolge der Weimarer Zeit anzuknüpfen, sodass er sich an der Hoffnung auf eine glücklichere Zukunft in Deutschland festgehalten hatte. Doch in der Bundesrepublik traf seine Arbeit auf Kritik und wurde lange ignoriert; erst 1962 wurde er Intendant an der Freien Volksbühne in West-Berlin. Dieses Angebot kam jedoch zu spät, um ihn mit seinem Schicksal zu versöhnen.

Remigranten als intellektuelle Importeure – Das Fach Politikwissenschaft

Ein Feld, das erheblich von der Rückkehr der Emigranten profitierte, war die westdeutsche Politikwissenschaft. Bis zum Ende des Ersten Weltkriegs dominierte an deutschen Universitäten das Fach Staatswissenschaft, das vor allem die juristischen, institutionellen und philosophischen Aspekte der Politik untersuchte. In den Zwanzigerjahren gab es Bemühungen, eine neue Form der Politikwissenschaft zu etablieren, die sich stärker mit sozialen Problemen befasste und stark von der Soziologie beeinflusst war. Die bereits erwähnte Deutsche Hochschule für Politik in Berlin war bis Anfang der Dreißigerjahre ein Zentrum der prodemokratischen, sozialwissenschaftlichen Politikwissenschaft, die wichtige Anregungen aus den USA bezog – wobei sich viele Vertreter der amerikanischen *political science* wiederum an der deutschen Staatswissenschaft orientierten. Während die neuen politikwissenschaftlichen Ansätze in Deutschland mit dem Nationalsozialismus ein vorläufiges Ende fanden und die Hochschule dem NS-Staat unterstellt wurde, entwickelte sich die Disziplin in den Vereinigten Staaten methodisch und konzeptionell in raschem Tempo weiter. Dabei kam den deutschen Emigranten eine bedeutende Rolle zu, weil sie die deutschen mit den amerikanischen Ansätzen auf konstruktive Weise verbanden.

Nach dem Krieg war es eines der Ziele der amerikanischen Besatzungspolitik, die deutsche Gesellschaft mithilfe der Politikwissenschaft zu demokratisieren und zu modernisieren. Dem lag die Überzeugung zugrunde, dass der deutsche Staat als autoritäres Gebilde dem Individuum nicht genug Freiraum gelassen habe, was wiederum den Nationalsozialismus befördert habe. In bewusstem Gegensatz zur deutschen Staatswissenschaft verstand sich die Politikwissenschaft amerikanischer Prägung als Demokratiewissenschaft, die mittels empirischer Methoden um die Erforschung der politischen „Wirklichkeit" – das Funktionieren politischer Gruppen und Institutionen, die Strukturen politischer Prozesse, die Entwicklung unterschiedlicher politischer Systeme – bemüht war. Die Remigranten verkörperten diese Ausrichtung, stießen damit jedoch trotz der politischen und finanziellen Unterstützung durch die Besatzungsmacht auf Widerstand an den westdeutschen Hochschulen. Viele Vertreter der deutschen Staatswissenschaft, die während der NS-Zeit in Deutschland geblieben waren, sperrten sich gegen die „neumodischen" Methoden, deren Seriosität und Nutzen sie infrage stellten, weil sie Sorge um den Bestand der tradierten

Ansätze und ihr Prestige hatten. Auch aus diesem Grund kritisierten sie die amerikanischen Konzepte, die konkrete gesellschaftliche Probleme ansprachen und Lösungsvorschläge erarbeiteten, als intellektuell fragwürdig. Hier verbanden sich antiamerikanische Vorurteile mit Vorbehalten gegenüber den Remigranten.

Zentrum des Faches wurde das Institut für Politische Wissenschaft an der Freien Universität Berlin, dessen Gründung wesentlich auf Franz Neumann, den Autor der Studie *Behemoth*, zurückging und das viele Studierende anlockte. Die sozialwissenschaftlichen Methoden und das kritische Potenzial der Politikwissenschaft begeisterten viele Mitglieder der Nachkriegsgeneration. Viele von ihnen nahmen in den Sechzigerjahren an den Protestbewegungen teil, die eine grundlegende Demokratisierung und Liberalisierung der westdeutschen Gesellschaft forderten, die sie weiterhin als autoritär und restriktiv wahrnahmen.[15]

Hollywood als Demokratisierungsinstanz

Auch außerhalb der Hochschulen engagierten sich einige Exilanten, um den Deutschen die Demokratie nahezubringen. Eines der prominentesten und zugleich unterhaltsamsten Beispiele dafür ist Billy Wilders Film *A Foreign Affair* (1948), der in den Ruinen von Berlin spielt und sowohl die US-Besatzer als auch die NS-belasteten Deutschen karikiert. Wilder war im August 1945 im Auftrag der Information Control Division der US-Armee im Rang eines Oberst nach Berlin gekommen. Zum einen sollte er die Amerikaner über den Zustand der deutschen Filmindustrie informieren, zum anderen einen Film konzipieren, der die Deutschen für die amerikanischen Werte gewinnen und ihre Sympathien für die US-Besatzer wecken würde. Im Sinne des Mottos „Propaganda durch Unterhaltung“ wollte Wilder dem deutschen Publikum zeigen, dass die Amerikaner das Land nicht besetzt hatten, um die Deutschen zu demütigen. Gleichzeitig wollte er sie davon abhalten, neuerlich Krieg zu führen, und ihnen dazu neue Hoffnung und Zuversicht geben. Dies war auch die Botschaft eines Liedes,

Friedrich Hollaender

Friedrich Hollaender wurde als Sohn eines bekannten deutschen Komponisten in London geboren und wuchs in einer musikalischen Familie in Berlin auf. Er studierte Komposition bei Engelbert Humperdinck und begann nach dem Ersten Weltkrieg Bühnenmusik für das Theater von Max Reinhardt sowie für Berliner Kabarette zu schreiben. Außerdem vertonte er die Gedichte Kurt Tucholskys, Walter Mehrings u. a. und schrieb Lieder. 1929 entstand die Filmmusik zu Joseph von Sternbergs Film *Der blaue Engel* mit Marlene Dietrich in der Hauptrolle. 1931 eröffnete Hollaender in Berlin sein eigenes Kabarett, „Tingel Tangel". Mit seinen politischen Revuen gab er sich als klarer Gegner der Nationalsozialisten zu erkennen und musste 1933 das Land verlassen. In den USA war sein Name bereits weithin bekannt, sodass er seine Karriere als Komponist von Filmmusik erfolgreich fortsetzen konnte.

das Friedrich Hollaender (geboren 1896 in London, gestorben 1976 in München), der ebenfalls ins amerikanische Exil gegangen war, für den Film komponiert hatte. Darin sang Marlene Dietrich: „A brand new spring is to begin / Out of the ruins of Berlin."[16]

Für *A Foreign Affair* machte Wilder während seines Aufenthalts Fotos von Berlin, sammelte Straßenschilder, Plakate und Türklingeln, die er mit nach Hollywood nahm, und sprach mit Berlinern, um etwas über die Atmosphäre der zerstörten Stadt und die ähnlich lädierte deutsche Gesellschaft zu erfahren. Der Film handelt von einer Delegation des amerikanischen Kongresses, die nach Berlin kommt, um sich ein Bild von der Arbeit der GIs zu machen. Als einzige Frau ist eine Abgeordnete aus Iowa dabei (gespielt von Jean Arthur), die – anders als ihre männlichen Kollegen – ihre Aufgabe überaus ernst nimmt. Zu ihrem Entsetzen muss sie feststellen, dass die amerikanischen Besatzer mit den deutschen „Fräuleins" anbandeln, Schwarzhandel treiben und sich in einem Nachtclub vergnügen, in dem die Geliebte eines untergetauchten hohen Nazis, Erika von Schlütow (Marlene Dietrich), auftritt. Ms. Frost verliebt sich in Captain Pringle, der ein Verhältnis mit der Schlütow hat, wovon die prüde Abgeordnete allerdings nichts weiß. Also beginnt er ein Doppelleben zu führen. All das findet im zerstörten Berlin statt und enthält zahlreiche Anspielungen auf die Allgegenwart der Nazi-Vergangenheit, die Naivität und den Pragmatismus der Amerikaner und die stoische Haltung der Berliner. Nach zahlreichen Irrungen und Wirrungen wird Schlütows Geliebter in einem *showdown* gefunden und erschossen, und Ms. Frost und Captain Pringle finden zueinander.

Zwar kritisierte Wilder in seinem Film die deutsche Bevölkerung und führte dem Publikum die gesellschaftlichen Nachwirkungen des Nationalsozialismus vor Augen, doch letztlich scheint er sich mit dem Deutschland, das ihn vertrieben hatte, arrangiert zu haben. Er kehrte mehrmals nach Deutschland zurück und drehte einen weiteren Film in Berlin (*Eins, Zwei, Drei*). Andere Exilanten konnten sich nicht damit abfinden, dass jene, die sie in den Dreißigerjahren entrechtet hatten, nun unbehelligt in der Bundesrepublik lebten und zu neuem Wohlstand kamen, während die Existenz im Exil lange Zeit prekär blieb. Schon aus finanziellen Gründen waren Besuchsreisen in die frühere Heimat für viele Exilanten ausgeschlossen. Die Wiedergutmachungen, die die Bundesrepublik seit den Fünfzigerjahren an Opfer der nationalsozialistischen Verfolgung zahlte, waren umständlich zu beantragen und schienen vielen die Mühe und die neuerliche Demütigung durch oftmals wenig empathische Bürokraten nicht wert. Andere wollten es vermeiden, sich noch einmal mit den Details ihrer erzwungen Ausreise zu befassen. Erst nach mehreren Jahrzehnten begannen deutsche Gemeinden, sich an das Schicksal der Vertriebenen zu erinnern. Einige luden die Überlebenden zu Gedenkveranstaltungen in ihre früheren Wohnorte ein. Für viele Exilanten war es das erste Mal seit der überhasteten Flucht, dass sie wieder nach Deutschland kamen.

Schluss

Auf den vorangegangenen Seiten war viel von den Erfahrungen der Exilanten die Rede. Zugleich ließe sich auch fragen, welche Konsequenzen das massenhafte Exil für jene hatte, die in Deutschland blieben. Familien wurden gespalten, wenn ein Familienmitglied ins Exil ging und die anderen zurückblieben. Freundschaften zerbrachen über Streitigkeiten darüber, ob der Weg ins Exil richtig oder falsch sei. Bekannte und Nachbarn, die aus Deutschland flüchteten, hinterließen eine soziale Lücke. Insgesamt bedeutete die Vertreibung Hunderttausender von Menschen einen tiefgreifenden Verlust für die deutsche Gesellschaft, unabhängig davon, ob sie zur politischen und künstlerischen Elite zählten oder „einfache Bürger" waren. Indem die Nationalsozialisten ihre ideologischen und politischen Gegner vertrieben, hielten sie möglichen Widerstand gegen das Regime gering und stabilisierten ihre Macht. Dass die Vertreibung die deutsche Gesellschaft um vieles ärmer machte, geriet gegenüber dem Ziel einer „rassisch" und politisch einheitlichen „Volksgemeinschaft" in den Hintergrund.

Wie beschrieben, kehrte nur ein Bruchteil der Exilanten nach dem Ende des Zweiten Weltkriegs und des Holocaust nach Deutschland zurück. Obwohl viele von ihnen relativ „unsichtbar" blieben, spielten Remigranten doch eine bedeutende Rolle in beiden deutschen Nachkriegsgesellschaften. Das hatte zum einen damit zu tun, dass einige von ihnen Schlüsselpositionen in Kultur, Wissenschaft und Politik einnahmen und sich dabei auf die persönlichen Erfahrungen und

Einsichten stützten, die sie im Exil gewonnen hatten. Auf diese Weise prägten sie die Entwicklung der jeweiligen Nation mit. Unterhalb dieser offiziellen Ebene beeinflussten die Remigranten die beiden deutschen Gesellschaften, indem sie ein internationales Element in sie hineintrugen. Zwölf Jahre lang hatte sich Deutschland weitgehend vom internationalen Austausch isoliert und einen aggressiven, überspitzten Nationalismus gepflegt, der fast alles Nichtdeutsche misstrauisch beäugte. Die Exilanten, die nach 1945 zurückkehrten – sei es als Besucher, sei es als Remigranten – halfen, diese Isolation zu durchbrechen. So unfreiwillig sie ihre Heimat auch verlassen hatten und so unglücklich die Umstände ihrer Flucht auch gewesen sein mochten: Sie waren gereist, hatten andere Länder und Kulturen kennengelernt und neue Sprachen erlernt.

Wie verzweigt die Wege des Exils waren, hielt ein Exilant in einer Beobachtung über sein Adressbuch fest, das er 1934 aus Deutschland mitgenommen und seitdem weitergeführt hatte. In diesem Adressbuch „spiegelt sich mir die Weltgeschichte alltäglich“, notierte er.

> Kaum eine Adresse ist noch dieselbe, nahe Freunde und entfernte Bekannte sind in die ganze Welt zerstreut, und dem Ausfall des größten Teils der früheren Korrespondenten entsprechen die neu hinzugekommenen Namen aus der Emigration. Aus Deutschland kommen fast nur noch Briefe von den allernächsten Verwandten meiner Frau, alle übrigen schreiben nun aus England und Amerika, aus der Türkei und Palästina, aus der Schweiz und Holland, Kolumbien, Australien und Neuseeland – nach Japan.[17]

Selbst heutzutage, da es viel einfacher geworden ist, durch die Welt zu reisen, wirkt dieses Netz an Kontakten erstaunlich global.

Die biographische Erfahrung der Exilanten war Ausdruck dessen, welche dramatischen Effekte der Nationalismus auf Individuen und Gesellschaften haben konnte. Trotz aller patriotischen Empfindungen und Anhänglichkeiten an die frühere Heimat brachte das Exil einige Flüchtlinge dazu, sich von der Überhöhung der eigenen Nation zu distanzieren und sich als Weltbürger zu definieren. Damit wendeten sie die Ausbürgerung und Staatenlosigkeit ins Positive. Thomas Mann etwa stellte 1941 fest:

> Das Exil ist etwas ganz anderes geworden, als es in früheren Zeiten war. Es ist kein Wartezustand, den man auf Heimkehr abstellt, sondern spielt schon auf eine Auflösung der Nation an und auf die Vereinheitlichung der Welt. Alles Nationale ist längst Provinz geworden.[18]

Selbstverständlich konnte es sich nur eine Minderheit der Exilanten leisten, das eigene Schicksal auf diese Weise zu idealisieren. Die meisten hatten mit schwerwiegenden alltäglichen und persönlichen Problemen zu kämpfen, die nicht dazu ermutigten, dem Exil irgendeinen höheren Sinn zu verleihen und das eigene Erleben im Interesse übernationaler Ziele zu relativieren. Doch man würde der Erfahrung des Exils und dem Leben der Exilanten nicht gerecht, wenn man sie auf ihre Opferrolle reduzierte. Viele eigneten sich im Exil Fähigkeiten an, die weit über jene hinausreichten, die für das praktische Überleben notwendig waren. Eine von ihnen war die Fähigkeit, das Leben in und mit zwei Kulturen zu meistern. Damit einher ging (nicht notwendig, aber doch häufig) ein geweiteter Blick auf das scheinbar „Normale" des nationalen Staates, der nationalen Traditionen, und letztlich auch der Heimat.

Im heutigen Europa ist der aggressive Nationalismus weitgehend überwunden, die demokratische Ordnung stabilisiert, der Schutz des Individuums vor Verfolgung gesichert. Doch in anderen Teilen der Welt gehört politische, ethnische und kulturelle Unterdrückung zum Alltag, und täglich gehen Menschen unter bedrohlichen Umständen ins Exil. Darauf hinzuweisen bedeutet nicht, die Erfahrung der deutschsprachigen Exilanten zu relativieren. Individuelle Erfahrung ist letztlich immer absolut und lässt sich in ihrer erlebten Dramatik nicht durch historische Vergleiche mildern. Doch es wäre unzutreffend, das Problem des Exils als abgeschlossen zu betrachten, weil die europäischen Diktaturen glücklicherweise der Vergangenheit angehören. Dennoch soll am Schluss der Erfahrungsbericht einer Schriftstellerin stehen, der das Exilschicksal versöhnlich deuten lässt. Die Autorin war 1939 als Zwölfjährige mit ihrer Familie aus Köln nach England geflohen. Dort hatte sie sich schnell eingefunden und in kürzester Zeit die englische Sprache gelernt; nach den bedrängenden letzten Jahren in Deutschland fühlte sie sich in Großbritannien bald zu Hause. Später heiratete sie einen Inder und ging mit ihm nach Delhi. Anfangs war sie fasziniert von der Vielfalt der indischen Kultur, fand es dann aber zunehmend schwierig, ihre europäische Identität aufrechtzuerhalten. Schließlich wurde ihr Heimweh nach Europa so groß, dass sie Mitte der Sechzigerjahre beschloss, Indien zu verlassen. Aber anstatt nach London, Paris oder Berlin zu gehen, zog sie nach New York. Es sei die europäischste Stadt, die sie sich vorstellen könne, sagte sie ihren verwunderten Verwandten und Bekannten. Mehr noch:

> Hier traf ich jene Menschen, die in meinem Leben hätten bleiben sollen – Menschen wie jene, mit denen ich in Köln zur Schule gegangen bin, mit genau dem gleichen Hintergrund wie ich, der gleichen Herkunft, der gleichen Abstammung. Diese Menschen lebten nun in New York, als Amerikaner, in alten Apartments auf der West Side, mit hohen Decken und schweren Möbeln, ganz wie jene, mit denen wir in unseren europäischen Städten aufgewachsen sind (so wohlig überheizt wie die Wohnung meiner Großeltern in Köln), und mit dem Feinkostgeschäft an der Ecke, das genau den Kartoffelsalat, die eingelegten Gurken und Heringe verkauft, wie unsere Großmütter sie zu machen pflegten.[19]

Auf diese Weise fand die Autorin in New York wieder, was sie 1939 verloren hatte. Die Reise, die das Exil bedeutet, muss also nicht immer mit der physischen Rückkehr in die frühere Heimat enden; manchmal genügt die Rückkehr in die Erinnerung.

Anhang

Anmerkungen

Einführung

1 Vgl. Wolfgang Benz, Die jüdische Emigration, in: *Handbuch der deutschsprachigen Emigration 1933–1945*, hg. von Claus-Dieter Krohn u.a., 2. Aufl., Darmstadt 2008, S. 5–16, hier S. 5 f.; Alexander Stephan, Die intellektuelle, literarische und künstlerische Emigration, in: ebd., S. 30–46, hier S. 31.

2 Die Angaben entstammen dem Ausstellungskatalog *Heimat und Exil. Emigration der deutschen Juden nach 1933*, hg. von der Stiftung Jüdisches Museum Berlin und der Stiftung Haus der Geschichte der Bundesrepublik Deutschland, Frankfurt am Main 2006. Berücksichtigt sind in diesen Zahlen deutsche und österreichische Juden.

3 Im Original: „We lost our home, which means the familiarity of daily life. We lost our occupation, which means the confidence that we are of some use in this world. We lost our language, which means the naturalness of reactions, the simplificity of gestures, the unaffected expressions of feelings. We left our relatives in the Polish ghettos and our best friends have been killed in concentration camps, and that means the rupture of our private lives." Hannah Arendt, We Refugees, in: *The Menorah Journal* 31, 1943, S. 69–77, abgedruckt in: Marc Robinson (Hg.), *Altogether Elsewhere. Writers on Exile*, Boston, London 1994, S. 110–119, hier S. 110. Übersetzung CRU.

4 Hermann Kesten an Carl Beisler, 25. Juli 1946, abgedruckt in: Hermann Kesten (Hg.), *Deutsche Literatur im Exil. Briefe europäischer Autoren 1933–1949*, Wien, München, Basel 1964, S. 275–276, hier S. 276.

5 Kurt H. Wolff, Die persönliche Geschichte eines Emigranten, in: Ilja Srubar (Hg.), *Exil, Wissenschaft, Identität. Die Emigration deutscher Sozialwissenschaftler 1933–1945*, Frankfurt am Main 1988, S. 13–22, hier S. 14.

6 Zitiert in: Erika und Klaus Mann, *Escape to Life. Deutsche Kultur im Exil,* München 1991 (1939), S. 73.

7 Hans Baron an Walter Goetz, zitiert in: Klaus Große Kracht, „Bürgerhumanismus" oder „Staatsräson". Hans Baron und die republikanische Intelligenz des *Quattocentro*, in: Mario Kessler (Hg.), *Deutsche Historiker im Exil (1933–1945). Ausgewählte Studien*, Berlin 2005, S. 243–263, hier S. 255.

8 Einen knappen Überblick bietet Avraham Barkai, Die Heimat vertreibt ihre Kinder. Die nationalsozialistische Verfolgungspolitik

1933 bis 1941, in: *Heimat und Exil*, S. 15–18.
9 Zitiert in: Peter Gay, *Freud. A Life for Our Time*, New York, London 1988, S. 628.
10 Vgl. Wolfgang Benz, Das Exil der kleinen Leute, in: Ders. (Hg.), *Das Exil der kleinen Leute. Alltagserfahrungen deutscher Juden in der Emigration*, München 1991, S. 7–37, hier S. 25 ff.
11 Pinchas Erlanger, Erinnerungen. Meine Jugend in Deutschland und die Auswanderung nach Palästina, in: *Auswanderung, Flucht, Vertreibung, Exil im 19. und 20. Jahrhundert*, hg. vom Haus der Geschichte Baden-Württemberg, Berlin 2003, S. 145–168, hier S. 156.
12 Hermann Kesten an René Schickele, 30. Oktober 1938, abgedruckt in: Kesten (Hg.), *Deutsche Literatur im Exil*, S. 81–82 , hier S. 81.
13 Benz, *Das Exil der kleinen Leute*, S. 10.
14 Dies geschah nach Kriegsbeginn auch in Großbritannien. Eine ausnehmend glückliche Episode ist in diesem Zusammenhang die Geschichte des *Amadeus Quartetts*: Dessen junge Musiker Siegmund Nissel, Peter Schidlof und Norbert Brainin, die alle vor den Nationalsozialisten geflohen waren, fanden in britischen Internierungslagern zusammen. Nach ihrer Entlassung vervollständigten sie ihre Gruppe durch Martin Lovett, einen britischen Cellisten, und wurden weltbekannt.
15 Hermann Kesten an René Schickele, 7. September 1939, abgedruckt in: Kesten (Hg.), *Deutsche Literatur im Exil*, S. 109–111, hier S. 109.
16 Vgl. Barbara Vormeier, Einige Aspekte zur Lage der Ausländer, Juden und Emigranten in Vichy-Frankreich (Juni 1940–Sommer 1942), in: Ruth Werfel (Hg.), *Gehetzt. Südfrankreich 1940. Deutsche Literaten im Exil*, Zürich 2007, S. 32–50, hier S. 43 f.
17 Fritz Pohle, *Das mexikanische Exil. Ein Beitrag zur Geschichte der politisch-kulturellen Emigration aus Deutschland (1937–1946)*, Stuttgart 1986, S. 66.
18 Claudia Öhlschläger, „Unheimliche Heimat". Literarische Positionen und Reflexionen zur Psychologie des Exils, in: Werfel (Hg.), *Gehetzt*, S. 169–190, hier S. 185.
19 Zitiert in: Heinke Wunderlich, „Feindliche Ausländer" – Literaten in Frankreich auf der Flucht, in: Werfel (Hg.), *Gehetzt*, S. 51–76, hier S. 64.
20 *Heimat und Exil*, S. 45.
21 Zitiert in: Bernd Witte, „Dans une situation sans issue ...". Exil und Tod des Schriftstellers Walter Benjamin, in: Werfel (Hg.), *Gehetzt*, S. 191–216, hier S. 214.

22 Interview von Claudia Dreifus mit Arno Motulsky, *The New York Times*, 29. April 2008.

Die Erfahrung des Exils

1 Zitiert in: Mario Kessler, *Ossip K. Flechtheim. Politischer Wissenschaftler und Zukunftsdenker (1909–1998)*, Köln, Weimar, Wien 2007, S. 66 f.
2 Zitiert in: Frank Stern, Wartezimmer Shanghai, in: Benz (Hg.), *Das Exil der kleinen Leute*, S. 109–120, hier S. 111.
3 Zitiert in: Wolfgang Frühwald und Wolfgang Schieder (Hg.), *Leben im Exil. Probleme der Integration deutscher Flüchtlinge im Ausland 1933–1945*, Hamburg 1981, S. 9–27, hier S. 21.
4 Kessler, *Flechtheim*, S. 67 und S. 96.
5 Erika und Klaus Mann, *Escape to Life*, S. 22.
6 Vgl. Claudia Schoppmann, Erika Mann, in: Dies. (Hg.), *Im Fluchtgepäck die Sprache. Deutschsprachige Schriftstellerinnen im Exil*, Berlin 1991, S. 133–144, hier S. 136–142.
7 Zitiert in: Katharina Hoba und Joachim Schlör, Die Jeckes – Emigration nach Palästina, Einwanderung ins Land Israel, in: *Heimat und Exil*, S. 103–105, hier S. 104.
8 Alfred Döblin an Hermann Kesten, 20. April 1942, abgedruckt in: Kesten (Hg.), *Deutsche Literatur im Exil*, S. 202.
9 Alfred Döblin an Hermann Kesten, 18. Mai 1943, abgedruckt in: Kesten (Hg.), *Deutsche Literatur im Exil*, S. 238–239, hier S. 239.
10 René Schickele an Hermann Kesten, 15. Dezember 1939, abgedruckt in: Kesten (Hg.), *Deutsche Literatur im Exil*, S. 125. Shalom Asch (geboren 1880 in Kutno, Polen, gestorben 1957 in London) war ein bekannter Schriftsteller und Dramatiker, der auf Jiddisch veröffentlichte.
11 Vgl. Charmian Brinson, „Die letzte Zitadelle freier deutscher Forschung und Wissenschaft in Europa". Die Freie Deutsche Hochschule in London zwischen 1942 und 1946, in: *Exil* 27/1, 2007, S. 62–72.
12 Vgl. Maria-Luise Kreuter, *Wo liegt Ecuador? Exil in einem unbekannten Land 1938 bis zum Ende der fünfziger Jahre*, Berlin 1995.
13 Zitiert in: Helmut Müssener, „Meine Heimat fand ich hoch im Norden" – „Schweden ist gut – für die Schweden". Aspekte geglückter und missglückter Integration in Schweden nach 1933, in: Frühwald/Schieder (Hg.), *Leben im Exil*, S. 39–53, S. 47.
14 Vgl. W. Michael Blumenthal, Mit 13 Jahren nach Shanghai, in: *Heimat und Exil*, S. 127–130.
15 Vgl. Hiltrud Häntzschel, Geschlechtsspezifische Aspekte, in: *Handbuch der deutschsprachigen Emigration*, S. 101–117, hier S. 106.
16 Hertha Nathorff, Tagebucheintrag vom 18. September 1941, abgedruckt in: *Das Tagebuch der Hertha Nathorff. Berlin – New York. Aufzeichnungen 1933 bis 1945*, hg. und eingeleitet von Wolfgang Benz, München 1987, S. 189–190.
17 Alfred Neumann an Hermann Kesten, 13. August 1941, abgedruckt in: Kesten (Hg.), *Deutsche Literatur im Exil*, S. 194–196, hier S. 195.
18 Jan-Christopher Horak, German Exile Cinema, 1933–1950, in: *Film History* 8/4, 1996, S. 373–389, hier S. 386.
19 Interview von Claudia Dreifus mit Arno Motulsky, *The New York Times*, 29. April 2008; „Holding Out Hope in a Cruel World", in: *University of Washington Medicine magazine for alumni of the University of Washington School of Medicine* 25/2, 2002, <http://depts.washington.edu/medgen/anniversary/Arno's%20War%20Story.pdf> (30.4.2008).
20 Albert Einstein, Öffentliche Erklärung, Kölnische Zeitung,

30. März 1933, abgedruckt in: Siegfried Grundmann, *Einsteins Akte. Wissenschaft und Politik – Einsteins Berliner Zeit*, 2. Aufl., Berlin 2004, S. 443.

21 Zitiert in: Erika und Klaus Mann, *Escape to Life*, S. 273.

22 Vgl. Regine Erichsen, Türkei, in: *Handbuch der deutschsprachigen Emigration*, S. 426–434.

23 Zitiert in: Eine biographische Übersicht, in: Lutz Kredlau (Mitarb.), *Ernst Reuter. Sein Leben in Bildern*, 1889–1953, Berlin 1989, S. 14–53, hier S. 31.

24 Karl Löwith, *Mein Leben in Deutschland vor und nach 1933. Ein Bericht*, Stuttgart 1986, S. 151. Löwith schrieb diese Erinnerungen in Reaktion auf ein Preisausschreiben, das die Harvard University 1940 organisierte. Ziel des Projekts war eine „rein wissenschaftliche[r] Materialsammlung, die für eine Untersuchung der *gesellschaftlichen und seelischen Wirkungen des Nationalsozialismus auf die deutsche Gesellschaft und das deutsche Volk* verwendet werden soll". Hervorhebung im Original. Abgedruckt in: ebd.

25 Vgl. Häntzschel, Geschlechtsspezifische Aspekte, in: *Handbuch der deutschsprachigen Emigration*, S. 107.

26 Löwith, *Mein Leben in Deutschland vor und nach 1933*, S. 152.

27 Vgl. Stefanie Middendorf, „Verstoßenes Wissen". Emigranten als Deutschlandexperten im ‚Office of Strategic Services' und im amerikanischen Außenministerium 1943–1955, in: *Neue Politische Literatur* 46/1, 2001, S. 23–52.

28 Vgl. Gabriela Ann Eakin-Thimme, Deutsche Nationalgeschichte und Aufbau Europas. Deutschsprachige jüdische Historiker im amerikanischen Exil, in: Kessler (Hg.), *Deutsche Historiker im Exil*, S. 223–242, hier S. 233 f.

29 Zitiert in: Müssener, „Meine Heimat fand ich hoch im Norden", in: Frühwald/Schieder (Hg.), *Leben im Exil*, S. 45.

30 Hans Baron an Herbert Grundmann, 24. Dezember 1951, zitiert in: Große Kracht, „Bürgerhumanismus" oder „Staatsräson", in: Kessler (Hg.), *Deutsche Historiker im Exil*, S. 257.

31 Claus-Dieter Krohn, Emigration und die „Westernisierung" der deutschen Gesellschaft, in: Ders. und Martin Schumacher (Hg.), *Exil und Neuordnung. Beiträge zur verfassungspolitischen Entwicklung in Deutschland nach 1945*, Düsseldorf 2000, S. 9–31, hier S. 17.

32 Kessler, *Ossip K. Flechtheim*, S. 61.

33 Helene Maimann, Sprachlosigkeit. Ein zentrales Phänomen der Exilerfahrung, in: Frühwald/Schieder (Hg.), *Leben im Exil*, S. 31–53, hier S. 32.

34 Zitiert in: Axel Fair-Schulz, Jürgen Kuczynski in England, in: Kessler (Hg.), *Deutsche Historiker im Exil*, S. 145–168, hier S. 162.

35 Manja Altenburg, Deutsche Juden als „neue Hebräer"?, in: *Heimat und Exil*, S. 111–112, hier S. 112.

36 Zitiert in: Maimann, Sprachlosigkeit, in: Frühwald/Schieder (Hg.), *Leben im Exil*, S. 36.

37 Stephan, Die intellektuelle, literarische und künstlerische Emigration, in: *Handbuch der deutschsprachigen Emigration*, S. 39.

38 Vgl. Ehrhard Bahr, *Weimar on the Pacific. German Exile Culture in Los Angeles and the Crisis of Modernism*, Berkeley 2007, Kapitel 10.

39 Im Original: „Self-pity is one of the predominant traits in the German character. Their capacity for suffering is outweighed by their uncontrolled drive of being sorry for themselves. Their harbor a provincial, narrow-minded belief that sufferings, pains, misfortunes, and hardships are something special, reserved for Germans only and un-

known to the rest of the world. [...] Their exaggerated concern with themselves makes them callous toward the other members of the human family." Vicki Baum, *Hotel Berlin '43*, Garden City, New York, 1944, S. 237. Übersetzung CRU.

40 Im Original: „It was the first lession for an immature people that had refused to grow up and live sociably with the rest of the human family." Ebd., S. 238. Übersetzung CRU.

41 Zitiert in: Nicole Nottelmann, *Die Karrieren der Vicki Baum. Eine Biographie*, Köln 2007, S. 283.

42 Vgl. Sybilla Nikolow, Otto Neurath und die Bildstatistik 1918/1933/1945. Biographische Ab- und wissenschaftliche Aufbrüche, in: Rüdiger vom Bruch, Uta Gerhardt u. Aleksandra Pawliczek (Hg.), *Kontinuitäten und Diskontinuitäten in der Wissenschaftsgeschichte des 20. Jahrhunderts*, Stuttgart 2006, S. 305–318 (Zitat S. 305).

43 Löwith, *Mein Leben in Deutschland vor und nach 1933*, S. 152.

44 Zitiert in: Erika und Klaus Mann, *Escape to Life*, S. 76.

45 Zitiert in: Helmut Koopmann, Das Phänomen der Fremde bei Thomas Mann. Überlegungen zu dem Satz: „Wo ich bin, ist die deutsche Kultur", in: Frühwald/Schieder (Hg.), *Leben im Exil*, S. 103–114, hier S. 105.

46 Thomas Mann, Oktober 1940, abgedruckt in: Thomas Mann, *Deutsche Hörer! Radiosendungen nach Deutschland aus den Jahren 1940–1945*, 3., durchges. und erw. Aufl., Frankfurt am Main 2001 (1945), S. 11–13, hier S. 11.

47 Vgl. Marie Luise Knott, Nachwort der Herausgeberin, in: Hannah Arendt, *Vor Antisemitismus ist man nur noch auf dem Monde sicher. Beiträge für die deutsch-jüdische Emigrantenzeitung „Aufbau" 1941–1945*, hg. von Marie Luise Knott, München, Zürich 2000, S. 187–221, hier S. 195–201.

48 Vgl. ebd., S. 202–214.

49 Jürgen Wertheimer, Hannah Arendt, in: Marianne Hassler und Jürgen Wertheimer (Hg.), *Der Exodus aus Nazideutschland und die Folgen. Jüdische Wissenschaftler im Exil*, Tübingen 1997, S. 325–341, hier S. 330.

50 Kyung-Boon Lee, *Musik und Literatur im Exil. Hanns Eislers dodekaphone Exilkantaten*, New York u.a. 2001, S. 21 f.

51 Vgl. ebd., S. 173.

52 Theodor W. Adorno und Hanns Eisler, *Komposition für den Film*, Frankfurt am Main 1976 (1969), S. 108.

53 „Ehe aber mit einer wirklich exponierten, meisterlich komponierten und dramaturgisch durchkonstruierten Musik ein Versuch großen Maßstabs innerhalb der großen Industrie und ihres Verteilungsapparats [...] gemacht wird, ist die Behauptung vom unkommerziellen Charakter anständiger und avancierter Musik im Film eine leere Phrase, die einzig Bequemlichkeit, Schlamperei, das Nichtskönnen der Privilegierten und den abscheulichen Kult des Durchschnittlichen deckt." Adorno/Eisler, *Komposition*, S. 134.

54 Claudia Albert, „Das schwierige Handwerk des Hoffens". Hanns Eislers „Hollywoods Liederbuch", Stuttgart 1991, zitiert in: Lee, *Musik und Literatur im Exil*, S. 9.

55 Thomas Phleps, „[...] ich kann mir gar nicht vorstellen etwas Schöneres". Das Exilschaffen Hanns Eislers, in: Hanns-Werner Heister, Claudia Maurer Zenck und Peter Petersen (Hg.), *Musik im Exil. Folgen des Nazismus für die internationale Musikkultur*, Frankfurt am Main 1993, S. 474–511, hier S. 503 f.

56 Vgl. Hartmut Mehringer, Sozialdemokraten, in: *Handbuch der deutschsprachigen Emigration*, S. 475–493; Politisches Exil und Widerstand aus dem Exil.

Einleitung, in: ebd., S. 469–474, hier S. 473 f.

57 Häntzschel, Geschlechtsspezifische Aspekte, in: *Handbuch der deutschsprachigen Emigration*, S. 109.

58 Ernst Reuter an Thomas Mann, 17. März 1943, abgedruckt in: Ernst Reuter, *Schriften und Reden*, bearbeitet von Hans J. Reichhardt, Band 2, Berlin 1973, S. 520–525, hier S. 525.

59 Thomas Mann an Ernst Reuter, 29. April 1944, abgedruckt in: Ebd., S. 558–560, hier S. 559.

60 David E. Barclay, *Schaut auf diese Stadt. Der unbekannte Ernst Reuter*, Berlin 2000, S. 180.

61 Thomas Mann, Vorwort [zur ersten Ausgabe], 15. September 1942, abgedruckt in: Mann, *Deutsche Hörer!*, S. 7–9, hier S. 7.

62 Thomas Mann an Ernst Reuter, 24. Juni 1943, abgedruckt in: Reuter, *Reden und Schriften*, Band 2, S. 530–532, hier S. 531.

63 Thomas Mann, Februar 1942, abgedruckt in: Mann, *Deutsche Hörer!*, S. 52–55, hier S. 53.

64 Thomas Mann, 27. September 1942, abgedruckt in: Ebd., S. 75–77, hier S. 77.

65 Vgl. Thomas Mann, 14. Januar 1945, abgedruckt in: Ebd., S. 132–134.

Rückkehr in die alte Heimat?

1 Zitiert in: Armin Hermann, Der Papst der Physik verlässt die Alte Welt. Einsteins Emigration, in: Hassler/Wertheimer (Hg.), *Der Exodus aus Nazideutschland*, S. 19–31, hier S. 29.

2 Marita Krauss, *Heimkehr in ein fremdes Land. Geschichte der Remigration nach 1945*, München 2001, S. 49.

3 Alfred Döblin an Hermann Kesten, 30. Dezember 1945, abgedruckt in: Kesten (Hg.), *Deutsche Literatur im Exil*, S. 259–260, hier S. 259.

4 Ernst Reuter an Martin Wagner, 7. Januar 1946, abgedruckt in: Reuter, *Schriften und Reden*, Band 2, S. 614–618, hier S. 616.

5 Arnold Brecht an Ferdinand Friedensburg, 14. November 1946, abgedruckt in: Corinna R. Unger, Wissenschaftlicher und politischer Berater der US-Regierung im und nach dem Zweiten Weltkrieg, in: Claus-Dieter Krohn und Corinna R. Unger (Hg.), *Arnold Brecht, 1884–1977. Demokratischer Beamter und politischer Wissenschaftler in Berlin und New York*, Stuttgart 2006, S. 129–150, hier S. 139.

6 Thomas Mann, 8. November 1945, abgedruckt in: Mann, *Deutsche Hörer!*, S. 152–156, hier S. 152 f.

7 Vgl. Mehringer, Sozialdemokraten, in: *Handbuch der deutschsprachigen Emigration*, S. 489.

8 Im Original: „Our children are American children. They have spent all their formative years in this country and if we go back to Germany they would be exiles. Knowing what that means, we certainly would not want them to go through that experience unnecessarily." Zitiert in: Gerhard A. Ritter, Einleitung. Friedrich Meinecke und seine emigrierten Schüler, in: *Friedrich Meinecke, Akademischer Lehrer und emigrierte Schüler. Briefe und Aufzeichnungen 1910–1977*. Eingeleitet und bearbeitet von Gerhard A. Ritter, München 2006, S. 13–111, hier S. 52. Übersetzung CRU.

9 Kessler, *Ossip K. Flechtheim*, S. 104.

10 Schoppmann, *Erika Mann*, in: Dies. (Hg.), *Im Fluchtgepäck die deutsche Sprache*, S. 142.

11 Carl Zuckmayer, *Als wär's ein Stück von mir. Horen der Freundschaft*, Frankfurt am Main 1966, S. 461, zitiert in: Frühwald/Schieder, *Gegenwärtige Probleme der Exilforschung*, S. 18.

12 Hans Sahl, *Das Exil im Exil. Memoiren eines Moralisten II*, München 1994 (1990), S. 185.

13 Alfred Döblin an Hermann Kesten, 3. Dezember 1948, abgedruckt in:

Kesten (Hg.), *Deutsche Literatur im Exil*, S. 347–349, hier S. 346.

14 Zitiert in: Hermann Haarmann, Erwin Piscator in der Sowjetunion (1931–1936). Ein Versuch, künstlerisch zu überleben?, in: Frühwald/Schieder (Hg.), *Leben im Exil*, S. 131–142, hier S. 132.

15 Vgl. Rainer Eisfeld, Politikwissenschaft: Exil und Rückkehr, in: Edith Böhne und Wolfgang Motzkau-Valeton (Hg.), *Die Künste und die Wissenschaften im Exil 1933–1945*, Gerlingen 1992, S. 413–444; Wilhelm Bleek, *Geschichte der Politikwissenschaft in Deutschland*, München 2001; Eakin-Thimme, Deutsche Nationalgeschichte, in: Kessler (Hg.), *Deutsche Historiker im Exil.*

16 Zitiert in: Ralph Willett, Billy Wilder's „A Foreign Affair" (1945–1948). The Trials and Tribulations of Berlin, in: *Historical Journal of Film, Radio and Television* 7/1, 1987, S. 3–14, hier S. 12.

17 Löwith, *Mein Leben in Deutschland vor und nach 1933*, S. 130.

18 Zitiert in: Frühwald/Schieder, *Gegenwärtige Probleme der Exilforschung*, S. 17.

19 Im Original: „And I literally met the people who should have remained in my life – people I went to school with in Cologne, with exactly the same background as my own, same heritage, same parentage. Now here they were living in New York, as Americans, in old West Side apartments, with high ceilings and heavy furniture, just like the ones we grew up with in our Continental cities (as blissfully overheated as my grandparents' flat in Cologne), and with the delicatessen at the corner selling those very potato salads and pickled cucumbers and marinated herrings that our grandmothers used to make." Ruth Prawer Jhabvala, Disinheritance. An Address, abgedruckt in: Robinson (Hg.), *Altogether Elsewhere*, S. 319–330, hier S. 327 f. Übersetzung CRU.

Literatur

Ehrhard Bahr, *Weimar on the Pacific. German Exile Culture in Los Angeles and the Crisis of Modernism*, Berkeley 2007.

Wolfgang Benz (Hg.), *Das Exil der kleinen Leute. Alltagserfahrungen deutscher Juden in der Emigration*, München 1991.

Wolfgang Frühwald und Wolfgang Schieder (Hg.), *Leben im Exil. Probleme der Integration deutscher Flüchtlinge im Ausland 1933–1945*, Hamburg 1981.

Handbuch der deutschsprachigen Emigration 1933–1945, hg. von Claus-Dieter Krohn u.a., 2. Aufl., Darmstadt 2008.

Marianne Hassler und Jürgen Wertheimer (Hg.), *Der Exodus aus Nazideutschland und die Folgen. Jüdische Wissenschaftler im Exil*, Tübingen 1997.

Heimat und Exil. Emigration der deutschen Juden nach 1933, hg. von der Stiftung Jüdisches Museum Berlin und der Stiftung Haus der Geschichte der Bundesrepublik Deutschland, Frankfurt am Main 2006.

Mario Kessler (Hg.), *Deutsche Historiker im Exil (1933–1945). Ausgewählte Studien*, Berlin 2005.

Hermann Kesten (Hg.), *Deutsche Literatur im Exil. Briefe europäischer Autoren 1933–1949*, Wien, München, Basel 1964.

Marita Krauss, *Heimkehr in ein fremdes Land. Geschichte der Remigration nach 1945*, München 2001.

Erika und Klaus Mann, *Escape to Life. Deutsche Kultur im Exil*, München 1991 (1939).

Thomas Mann, *Deutsche Hörer! Radiosendungen nach Deutschland aus den Jahren 1940-1945*, 3., durchges. und erw. Aufl., Frankfurt am Main 2001 (1945).

Claudia Schoppmann, (Hg.), *Im Fluchtgepäck die Sprache. Deutschsprachige Schriftstellerinnen im Exil*, Berlin 1991.

Ruth Werfel (Hg.), *Gehetzt. Südfrankreich 1940. Deutsche Literaten im Exil*, Zürich 2007.

Namenregister

Zahlen

PK

Bildnachweis

S. 10: Ullstein Bild; S. 19: picture-alliance/IMAGNO/Franz Hubmann; S. 22: bpk; S. 24/25: picture-alliance/dpa; S. 42: ullstein bild; S. 45: Library of Congress; S. 59: Literaturarchiv Marbach; S. 66: picture-alliance/dpa; S. 85: picture-alliance/dpa; S. 97: picture-alliance/dpa; S. 118: picture-alliance/dpa

Corinna R. Unger, Dr. phil., geb. 1978, ist wissenschaftliche Mitarbeiterin für Zeitgeschichte am Deutschen Historischen Institut Washington, DC.